Libro de datos de tiro deportivo

Este libro pertenece a:

____

____

____

____

Este libro de registro de datos de tiro deportivo de alta calidad, práctico y fácil de usar, con cubierta moderna y de alta calidad para tiradores, tiradores deportivos y tiradores de precisión, ha sido diseñado profesionalmente para ayudarle a registrar la fecha, la hora, la ubicación, el arma de fuego, el tipo de mira, la munición, la profundidad del asiento, la distancia, la pólvora, la cartilla, el latón y las páginas esquemáticas con todo detalle.

Libro de datos de tiro deportivo

Fecha: ____________________ Tiempo: _________

Localización: _______________________________

Condiciones climatológicas

☐　☐　☐　☐　☐　☐　_____　_____

Arma de fuego:	
Bullet:	Profundidad de asiento:
Polvo:	Granos:
Primer:	
Latón:	
Distancia:	

Resultados generales

☐ pobre　　☐ justo　　☐ bien　　☐ excelente

Notas adicionales

____

____

____

Idea de regalo ideal para principiantes y profesionales

Libro de datos de tiro deportivo

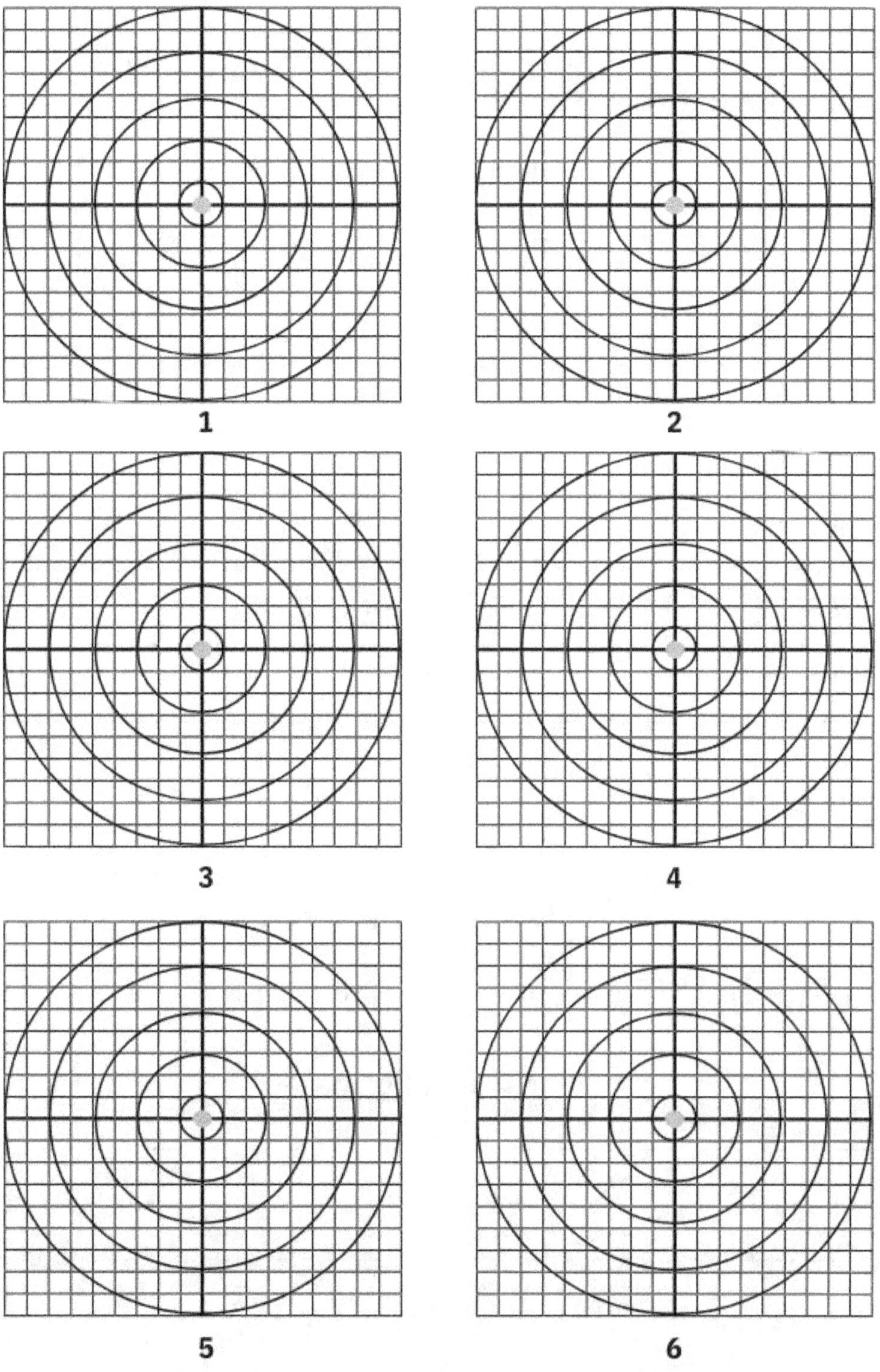

Idea de regalo ideal para principiantes y profesionales

Libro de datos de tiro deportivo

📅 Fecha: _______________________ 🕐 Tiempo: _________

📍 Localización: _________________________________

Condiciones climatológicas

☐ ☐ ☐ ☐ ☐ ☐ 🚩 _______ 🌡 _______

Arma de fuego:	
Bullet:	Profundidad de asiento:
Polvo:	Granos:
Primer:	
Latón:	
Distancia:	

Resultados generales

☐ pobre   ☐ justo   ☐ bien   ☐ excelente

Notas adicionales

____

____

____

☆ ☆ ☆ ☆ ☆

Idea de regalo ideal para principiantes y profesionales

Libro de datos de tiro deportivo

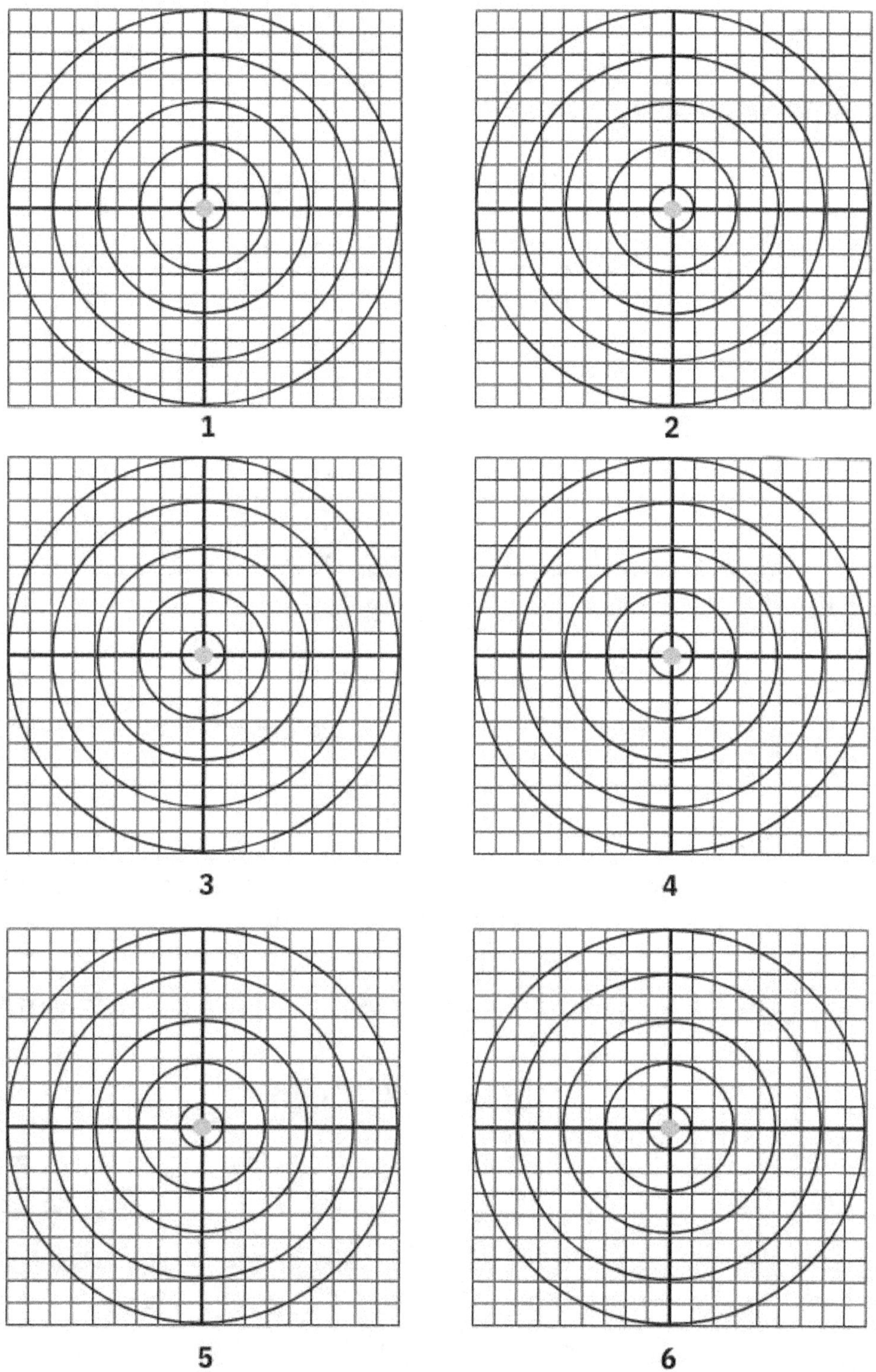

Idea de regalo ideal para principiantes y profesionales

Libro de datos de tiro deportivo

📅 Fecha: _________________   🕐 Tiempo: _________

📍 Localización: _______________________________

Condiciones climatológicas

☀ ☐   ⛅ ☐   🌤 ☐   🌧 ☐   🌧 ☐   🌨 ☐   🚩 ______   🌡 ______

Arma de fuego:	
Bullet:	Profundidad de asiento:
Polvo:	Granos:
Primer:	
Latón:	
Distancia:	

Resultados generales

☐ pobre   ☐ justo   ☐ bien   ☐ excelente

Notas adicionales

____

____

____

Idea de regalo ideal para principiantes y profesionales

Libro de datos de tiro deportivo

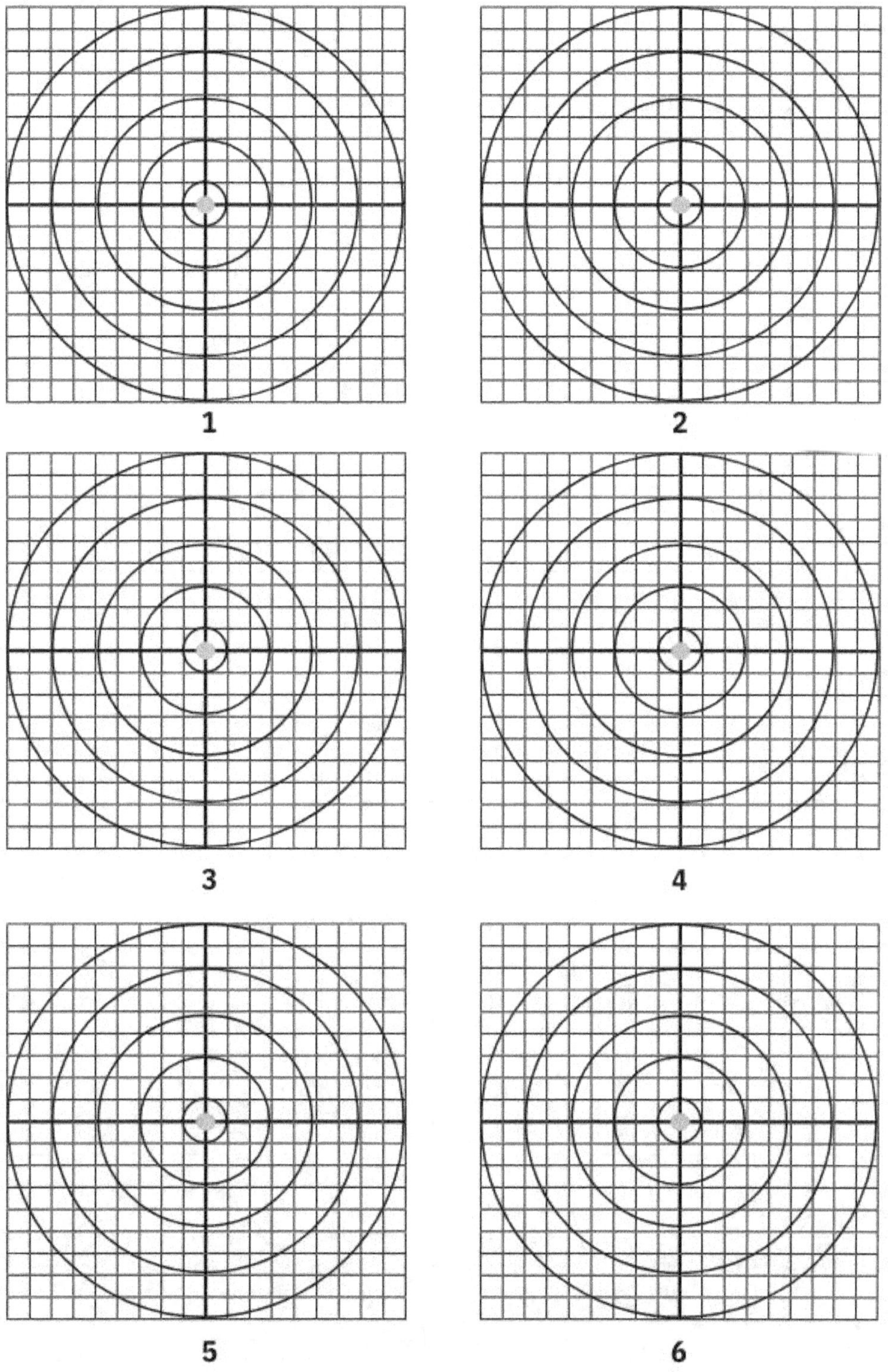

Idea de regalo ideal para principiantes y profesionales

Libro de datos de tiro deportivo

📅 Fecha: _________________   🕐 Tiempo: _________

📍 Localización: _______________________________

Condiciones climatológicas

☐ ☐ ☐ ☐ ☐ ☐ _____ _____

Arma de fuego:	
Bullet:	Profundidad de asiento:
Polvo:	Granos:
Primer:	
Latón:	
Distancia:	

Resultados generales

☐ pobre   ☐ justo   ☐ bien   ☐ excelente

Notas adicionales

____

____

____

☆ ☆ ☆ ☆ ☆

Idea de regalo ideal para principiantes y profesionales

Libro de datos de tiro deportivo

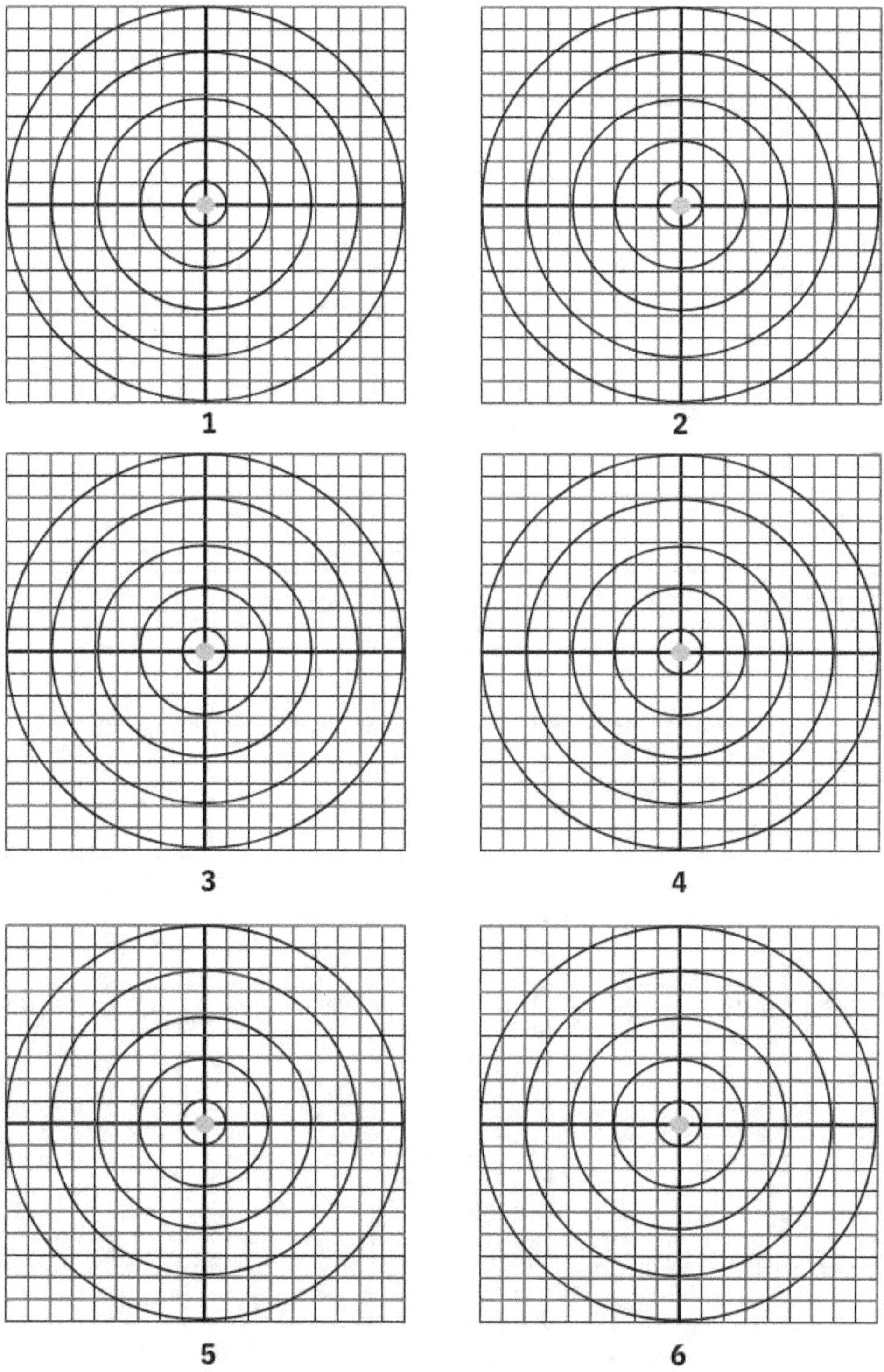

Idea de regalo ideal para principiantes y profesionales

Libro de datos de tiro deportivo

📅 Fecha: _________________________ 🕐 Tiempo: _________

📍 Localización: _________________________________

Condiciones climatológicas

☐ ☐ ☐ ☐ ☐ ☐ _________ _________

Arma de fuego:	
Bullet:	Profundidad de asiento:
Polvo:	Granos:
Primer:	
Latón:	
Distancia:	

Resultados generales

☐ pobre ☐ justo ☐ bien ☐ excelente

Notas adicionales

____

____

____

☆ ☆ ☆ ☆ ☆

Idea de regalo ideal para principiantes y profesionales

Libro de datos de tiro deportivo

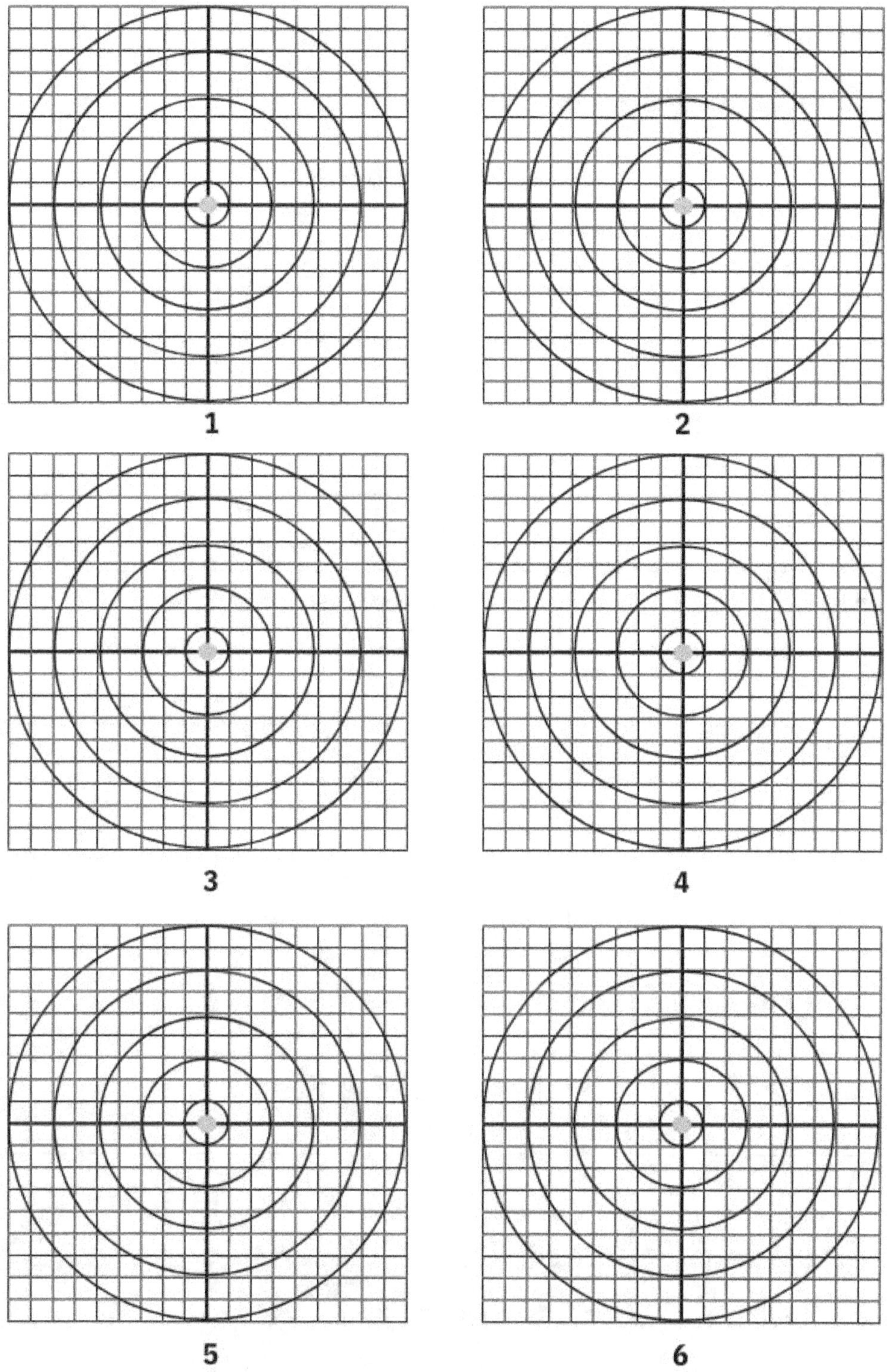

Idea de regalo ideal para principiantes y profesionales

Libro de datos de tiro deportivo

📅 Fecha: _________________   🕐 Tiempo: _________

📍 Localización: _______________________________

Condiciones climatológicas

☐ ☐ ☐ ☐ ☐ ☐ _______

Arma de fuego:	
Bullet:	Profundidad de asiento:
Polvo:	Granos:
Primer:	
Latón:	
Distancia:	

Resultados generales

☐ pobre   ☐ justo   ☐ bien   ☐ excelente

Notas adicionales

____

____

____

☆ ☆ ☆ ☆ ☆

Idea de regalo ideal para principiantes y profesionales

Libro de datos de tiro deportivo

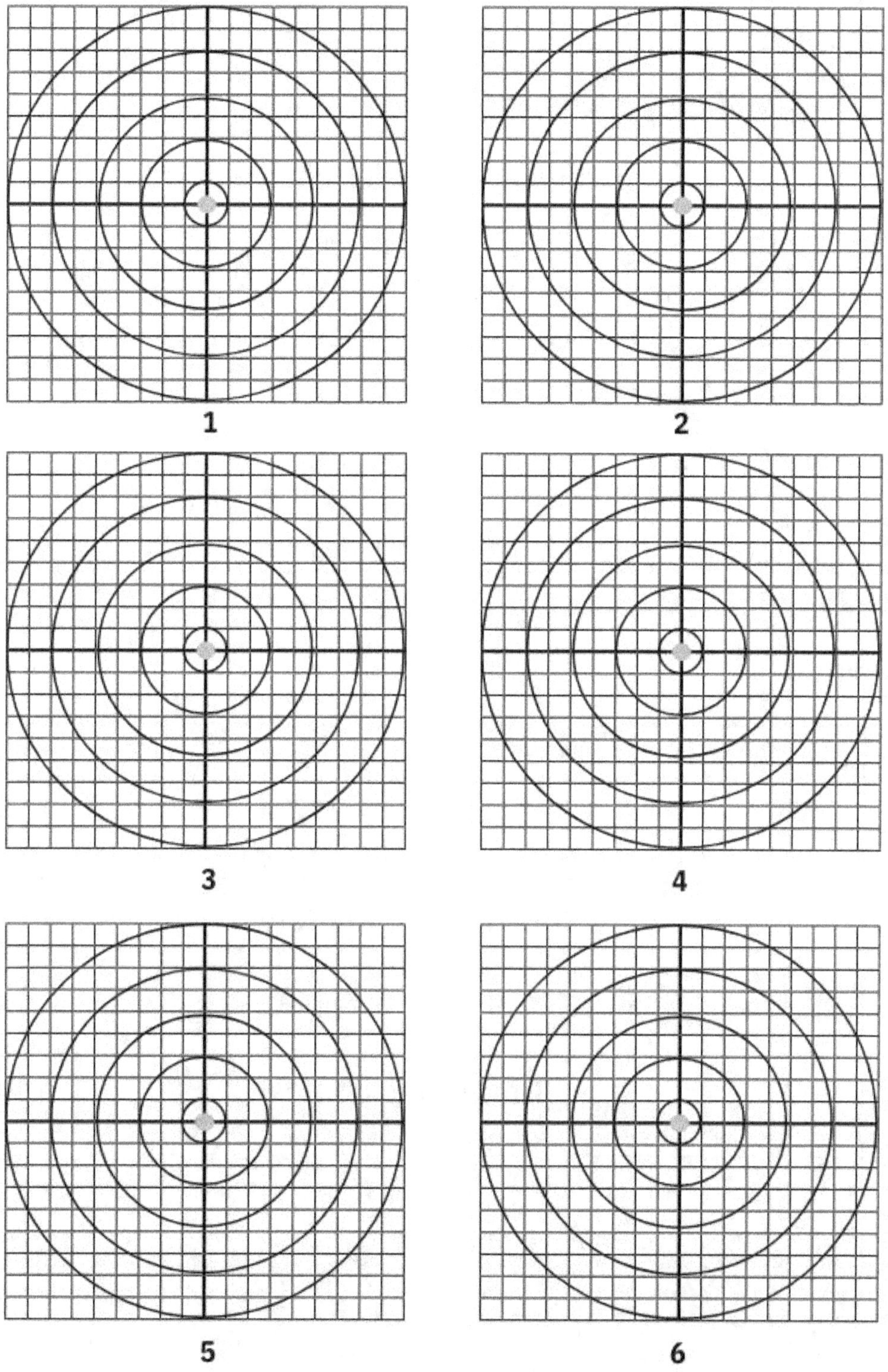

Idea de regalo ideal para principiantes y profesionales

Libro de datos de tiro deportivo

📅 Fecha: ________________________ 🕐 Tiempo: ________

📍 Localización: ________________________________

Condiciones climatológicas

☐   ☐   ☐   ☐   ☐   ☐   ▷| ________   🌡 ________

Arma de fuego:	
Bullet:	Profundidad de asiento:
Polvo:	Granos:
Primer:	
Latón:	
Distancia:	

Resultados generales

☐ pobre   ☐ justo   ☐ bien   ☐ excelente

Notas adicionales

____

____

____

☆ ☆ ☆ ☆ ☆

Idea de regalo ideal para principiantes y profesionales

Libro de datos de tiro deportivo

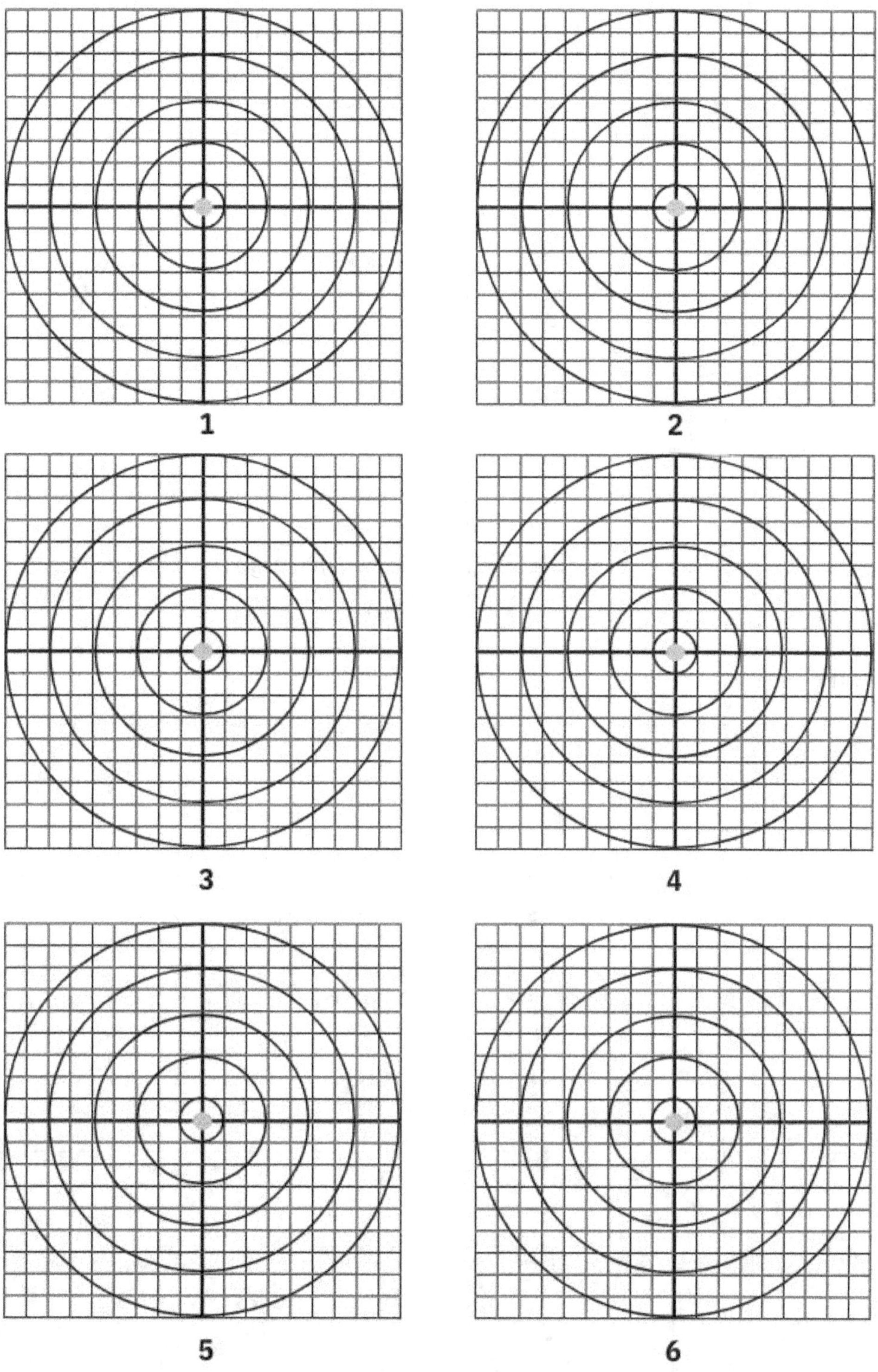

Idea de regalo ideal para principiantes y profesionales

Libro de datos de tiro deportivo

📅 Fecha: _________________________ 🕐 Tiempo: __________

📍 Localización: ______________________________________

Condiciones climatológicas

☐   ☐   ☐   ☐   ☐   ☐

Arma de fuego:	
Bullet:	Profundidad de asiento:
Polvo:	Granos:
Primer:	
Latón:	
Distancia:	

Resultados generales

☐ pobre   ☐ justo   ☐ bien   ☐ excelente

Notas adicionales

____

____

____

☆ ☆ ☆ ☆ ☆

Idea de regalo ideal para principiantes y profesionales

Libro de datos de tiro deportivo

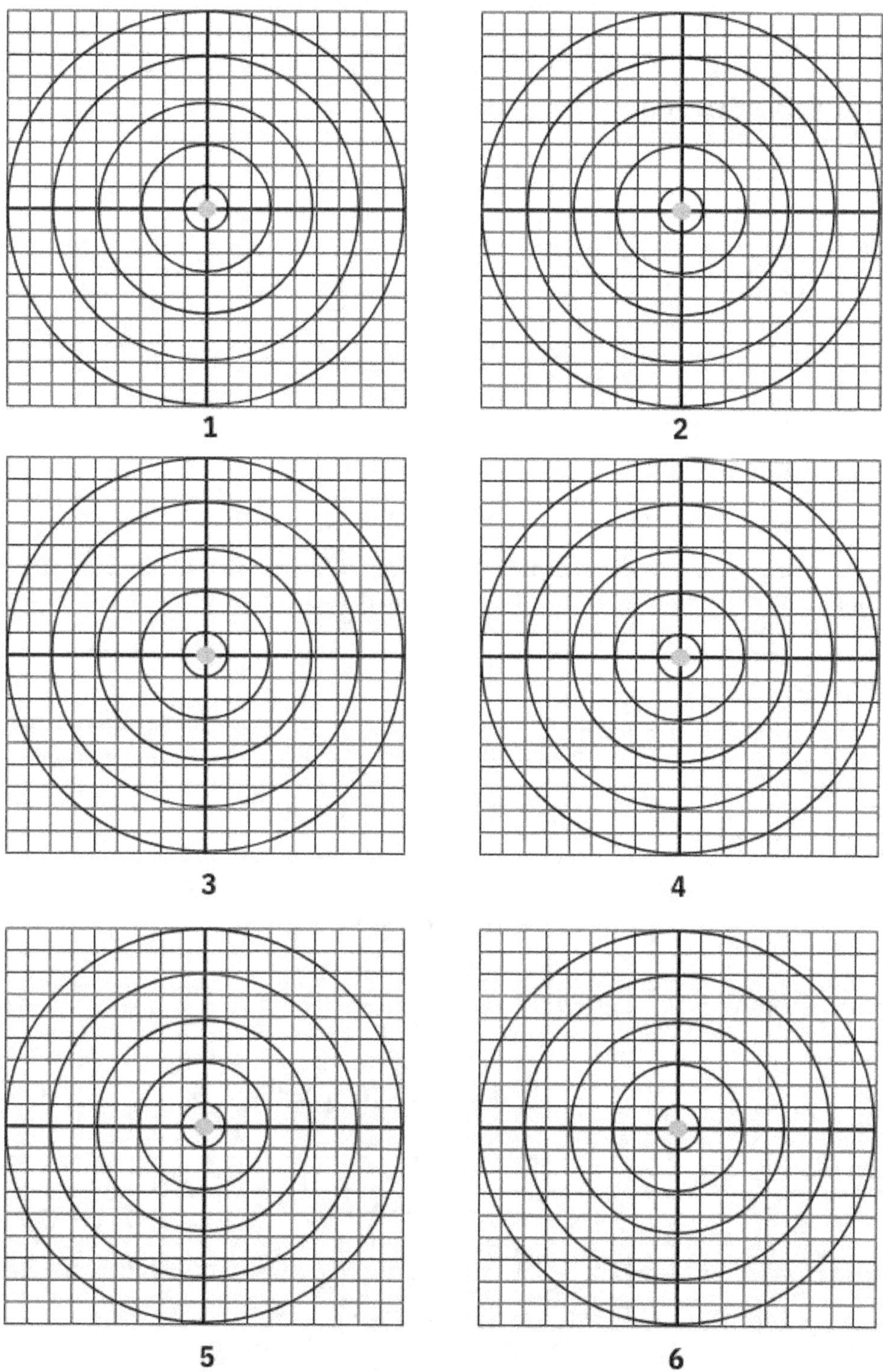

Idea de regalo ideal para principiantes y profesionales

Libro de datos de tiro deportivo

📅 Fecha: ________________ 🕐 Tiempo: _________

📍 Localización: _______________________________

Condiciones climatológicas

☐ ☐ ☐ ☐ ☐ ☐ ____ ____

Arma de fuego:	
Bullet:	Profundidad de asiento:
Polvo:	Granos:
Primer:	
Latón:	
Distancia:	

Resultados generales

☐ pobre ☐ justo ☐ bien ☐ excelente

Notas adicionales

____

____

____

☆ ☆ ☆ ☆ ☆

Idea de regalo ideal para principiantes y profesionales

Libro de datos de tiro deportivo

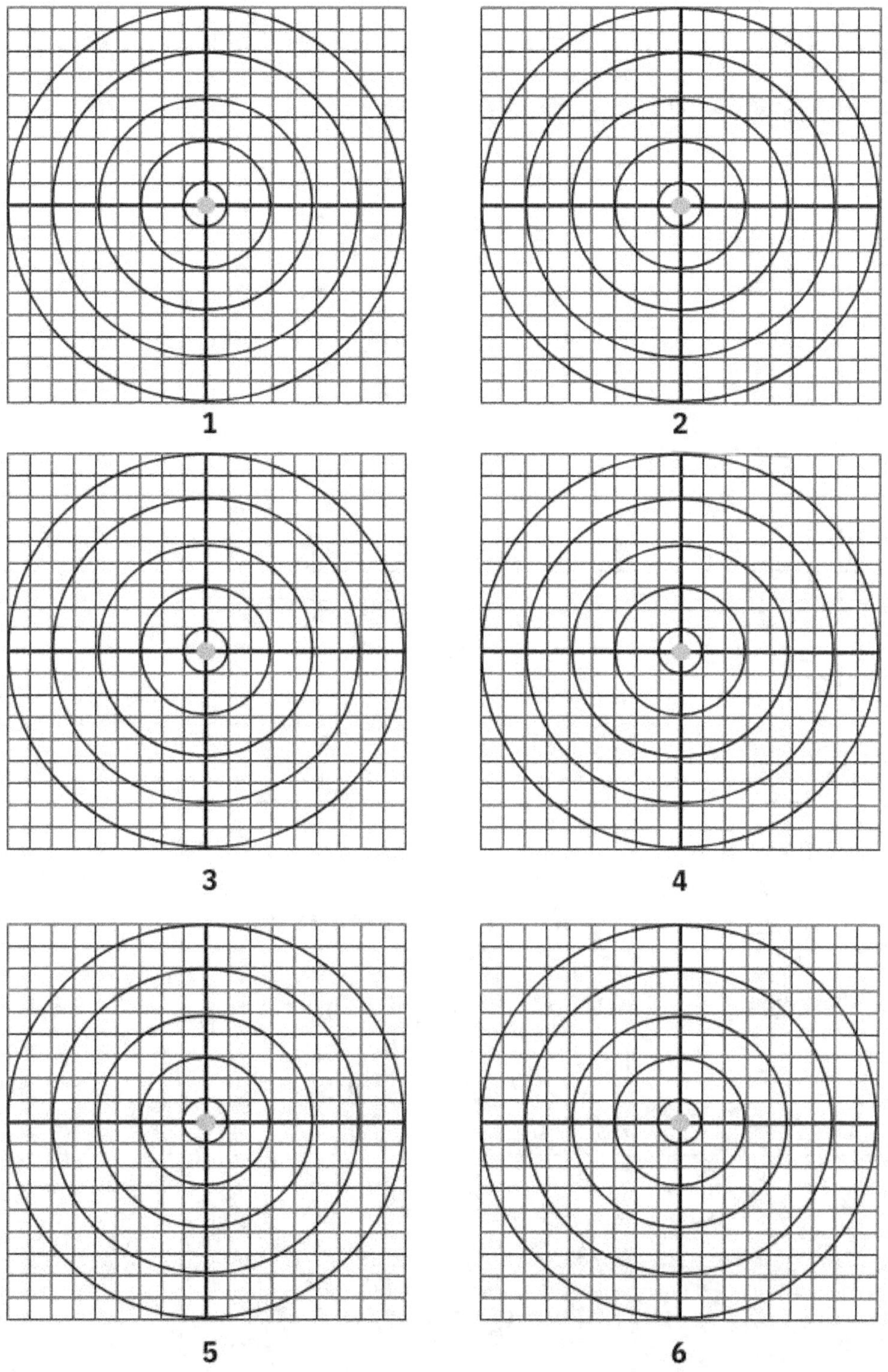

Idea de regalo ideal para principiantes y profesionales

Libro de datos de tiro deportivo

📅 Fecha: _________________ 🕐 Tiempo: _________

📍 Localización: _______________________________

Condiciones climatológicas

☀ ☐ ⛅ ☐ 🌤 ☐ 🌦 ☐ 🌧 ☐ 🌨 ☐ 🚩 🌡

Arma de fuego:	
Bullet:	Profundidad de asiento:
Polvo:	Granos:
Primer:	
Latón:	
Distancia:	

Resultados generales

☐ pobre   ☐ justo   ☐ bien   ☐ excelente

Notas adicionales

____

____

____

☆ ☆ ☆ ☆ ☆

Idea de regalo ideal para principiantes y profesionales

Libro de datos de tiro deportivo

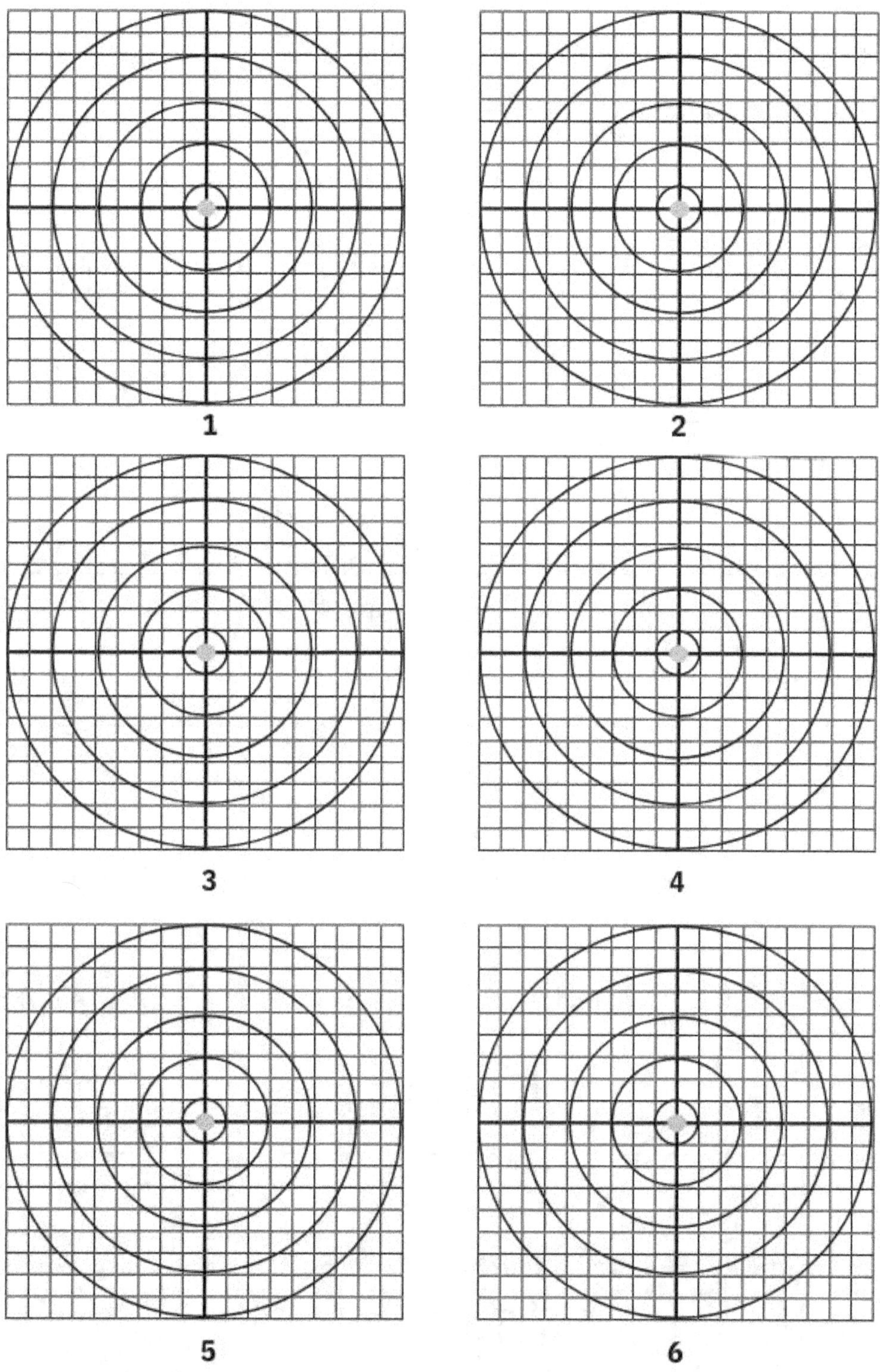

Idea de regalo ideal para principiantes y profesionales

Libro de datos de tiro deportivo

📅 Fecha: ________________________   🕐 Tiempo: ________

📍 Localización: _________________________________

Condiciones climatológicas

☐   ☐   ☐   ☐   ☐   ☐   ______   ______

Arma de fuego:	
Bullet:	Profundidad de asiento:
Polvo:	Granos:
Primer:	
Latón:	
Distancia:	

Resultados generales

☐ pobre   ☐ justo   ☐ bien   ☐ excelente

Notas adicionales

____

____

____

☆ ☆ ☆ ☆ ☆

Idea de regalo ideal para principiantes y profesionales

Libro de datos de tiro deportivo

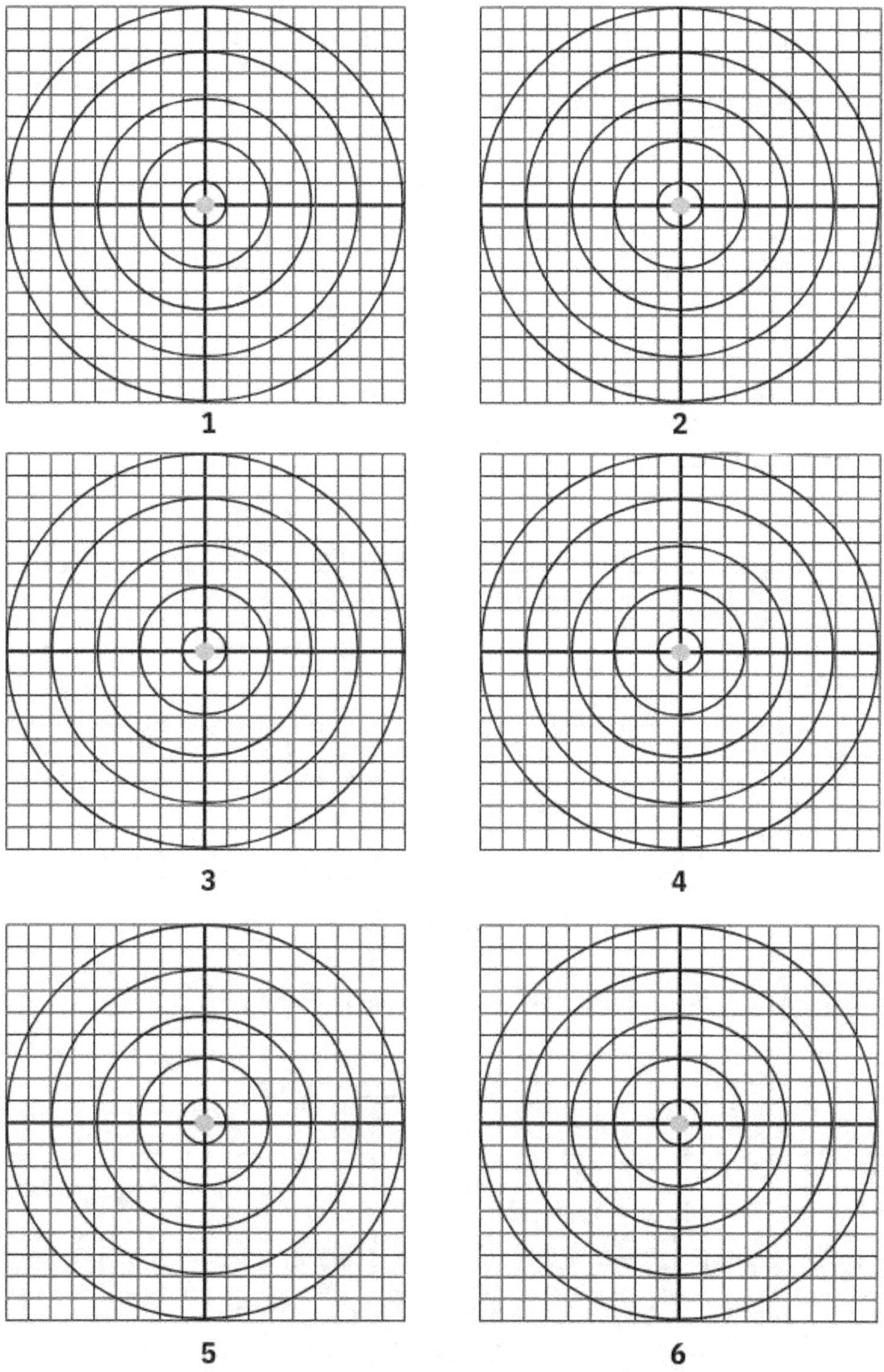

Idea de regalo ideal para principiantes y profesionales

Libro de datos de tiro deportivo

🗓 Fecha: _________________ **🕐 Tiempo:** _________

📍 Localización: _________________________________

Condiciones climatológicas

☐   ☐   ☐   ☐   ☐   ☐   ______   ______

Arma de fuego:	
Bullet:	Profundidad de asiento:
Polvo:	Granos:
Primer:	
Latón:	
Distancia:	

Resultados generales

☐ pobre   ☐ justo   ☐ bien   ☐ excelente

Notas adicionales

____

____

☆ ☆ ☆ ☆ ☆

Idea de regalo ideal para principiantes y profesionales

Libro de datos de tiro deportivo

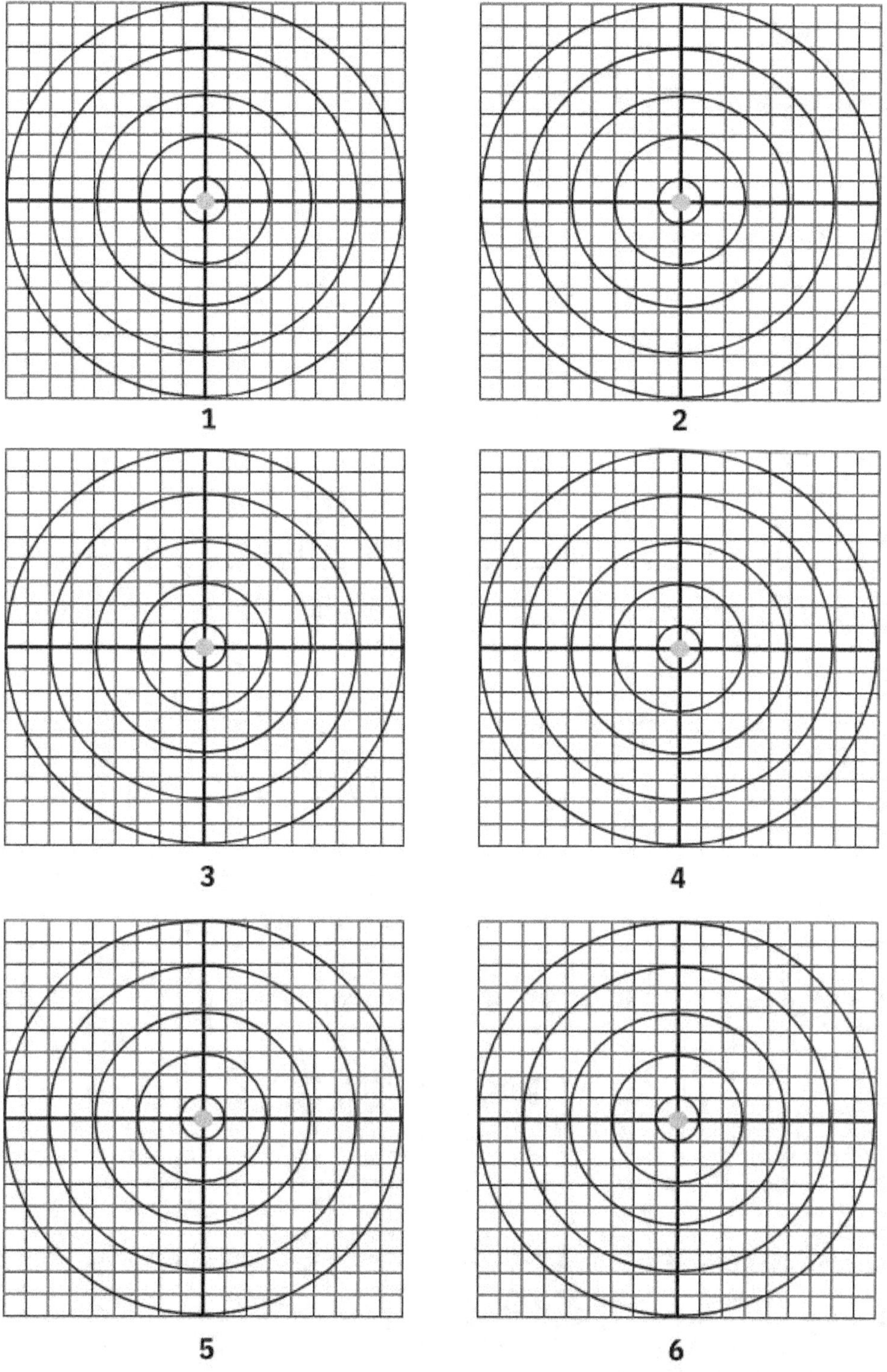

Idea de regalo ideal para principiantes y profesionales

Libro de datos de tiro deportivo

📅 Fecha: _________________ 🕐 Tiempo: _________

📍 Localización: _______________________________

Condiciones climatológicas

☐ ☐ ☐ ☐ ☐ ☐

Arma de fuego:	
Bullet:	Profundidad de asiento:
Polvo:	Granos:
Primer:	
Latón:	
Distancia:	

Resultados generales

☐ pobre ☐ justo ☐ bien ☐ excelente

Notas adicionales

____

____

____

Idea de regalo ideal para principiantes y profesionales

Libro de datos de tiro deportivo

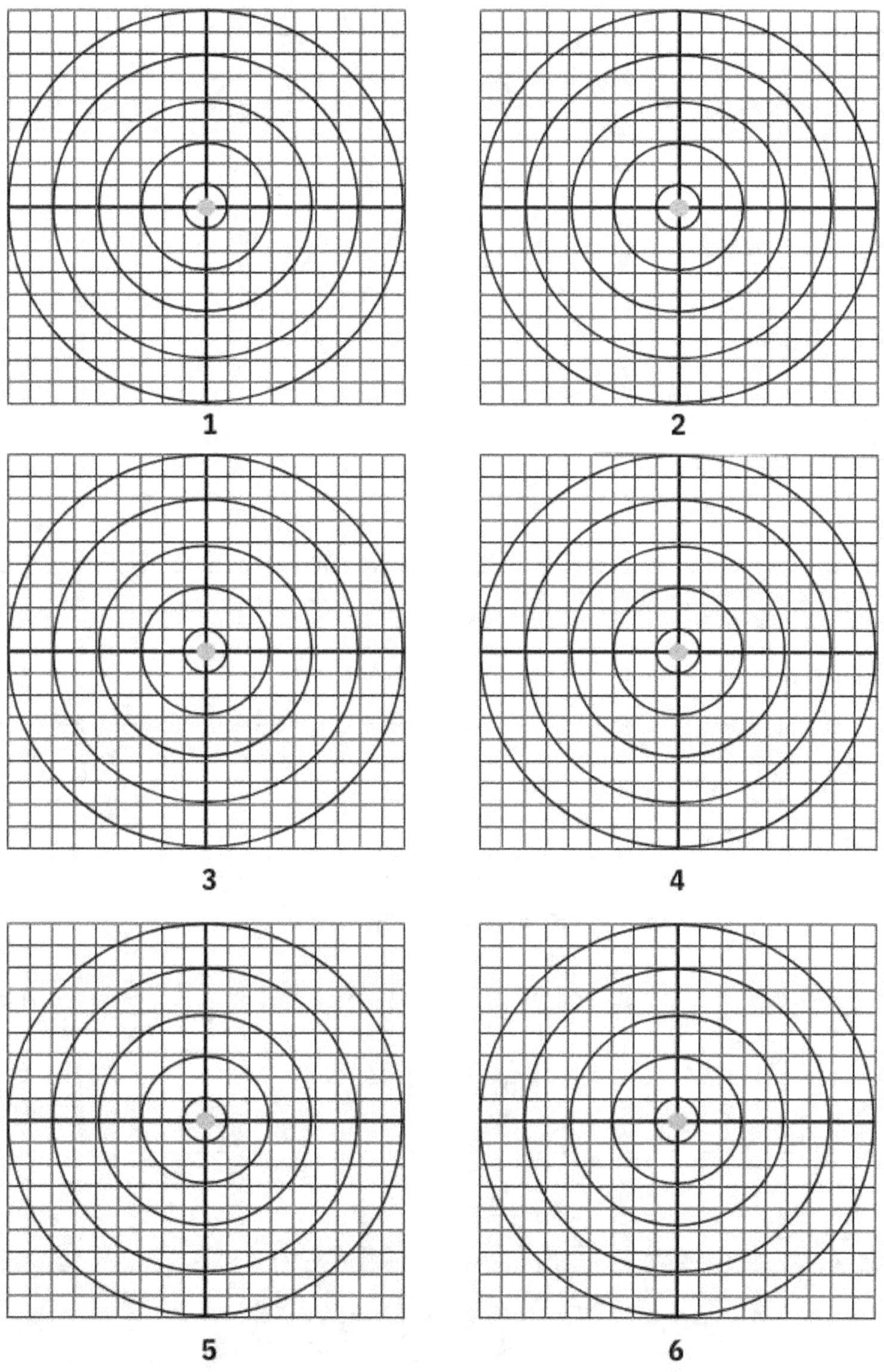

Idea de regalo ideal para principiantes y profesionales

Libro de datos de tiro deportivo

📅Fecha: _________________   🕐Tiempo: _________

📍 Localización: _______________________________

Condiciones climatológicas

☐   ☐   ☐   ☐   ☐   ☐   ___   ___

Arma de fuego:	
Bullet:	Profundidad de asiento:
Polvo:	Granos:
Primer:	
Latón:	
Distancia:	

Resultados generales

☐ pobre   ☐ justo   ☐ bien   ☐ excelente

Notas adicionales

____

____

____

☆ ☆ ☆ ☆ ☆

Idea de regalo ideal para principiantes y profesionales

Libro de datos de tiro deportivo

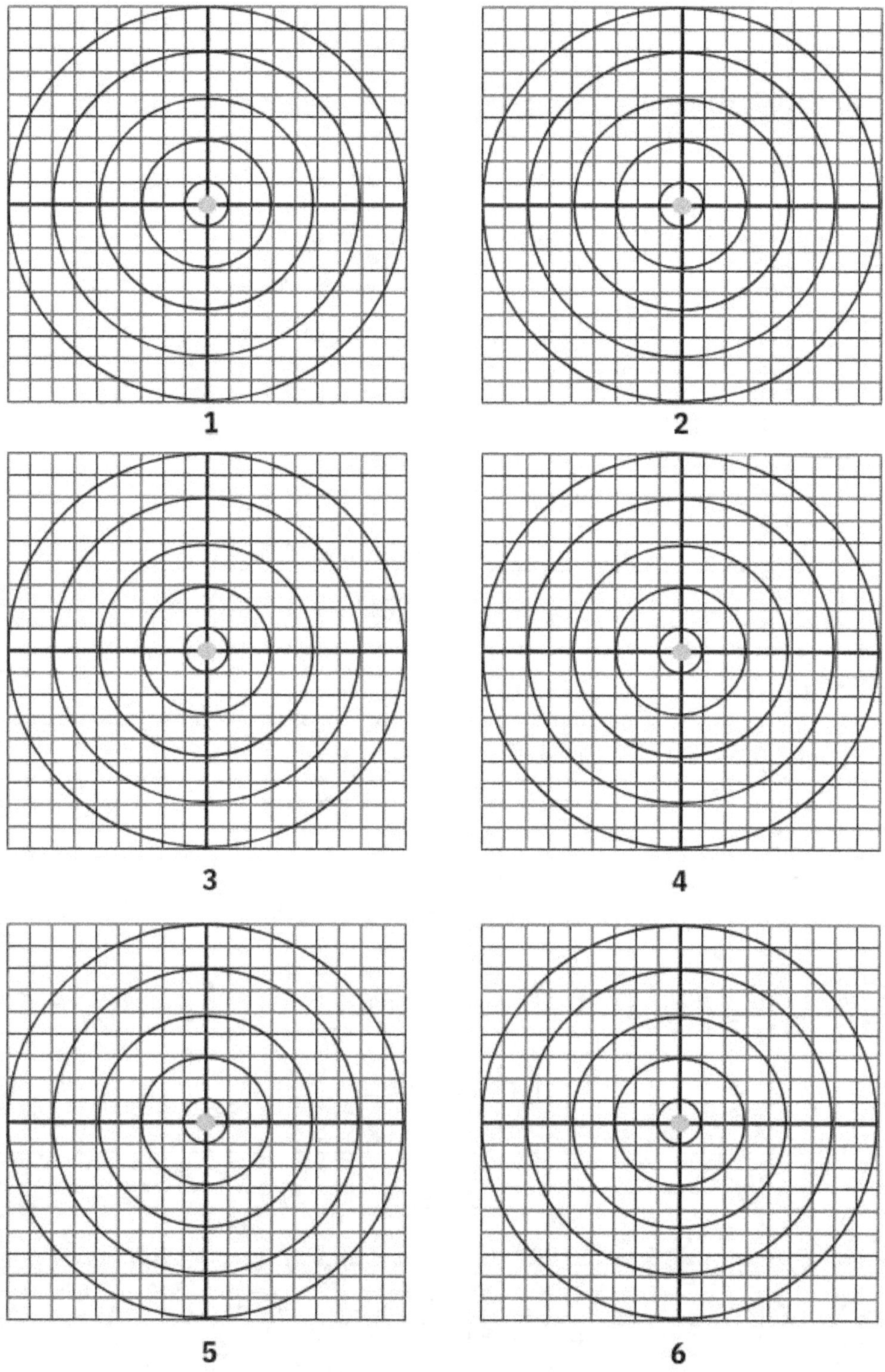

Idea de regalo ideal para principiantes y profesionales

Libro de datos de tiro deportivo

📅 Fecha: _________________ 🕐 Tiempo: _________

📍 Localización: _________________________________

Condiciones climatológicas

☐ ☐ ☐ ☐ ☐ ☐ _______ _______

Arma de fuego:	
Bullet:	Profundidad de asiento:
Polvo:	Granos:
Primer:	
Latón:	
Distancia:	

Resultados generales

☐ pobre ☐ justo ☐ bien ☐ excelente

Notas adicionales

____

____

☆ ☆ ☆ ☆ ☆

Idea de regalo ideal para principiantes y profesionales

Libro de datos de tiro deportivo

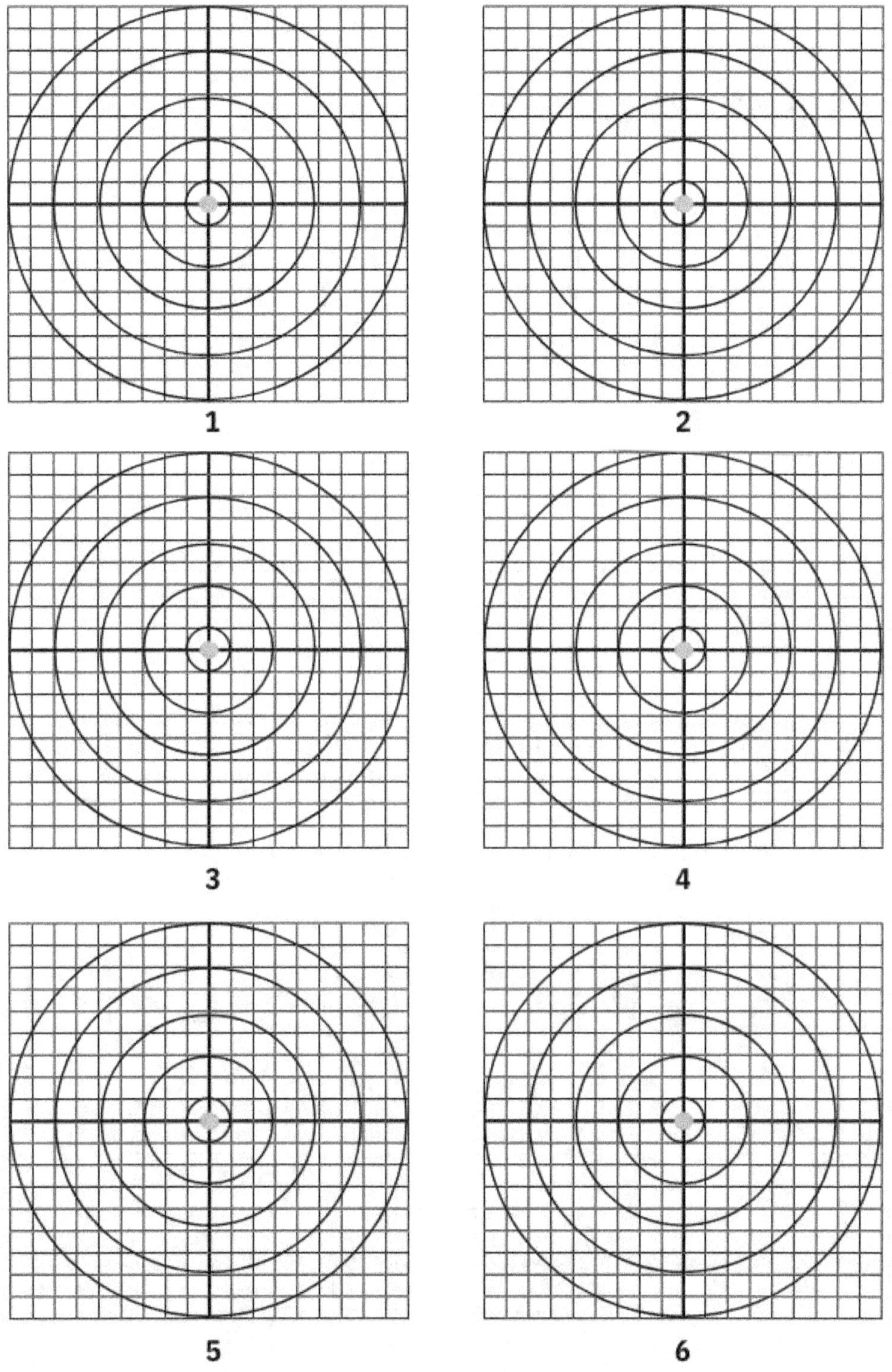

Idea de regalo ideal para principiantes y profesionales

Libro de datos de tiro deportivo

📅 Fecha: _______________________   🕐 Tiempo: _________

📍 Localización: _________________________________

Condiciones climatológicas

☐   ☐   ☐   ☐   ☐   ☐   ⚑ _______   🌡 _______

Arma de fuego:	
Bullet:	Profundidad de asiento:
Polvo:	Granos:
Primer:	
Latón:	
Distancia:	

Resultados generales

☐ pobre   ☐ justo   ☐ bien   ☐ excelente

Notas adicionales

____

____

☆ ☆ ☆ ☆ ☆

Idea de regalo ideal para principiantes y profesionales

Libro de datos de tiro deportivo

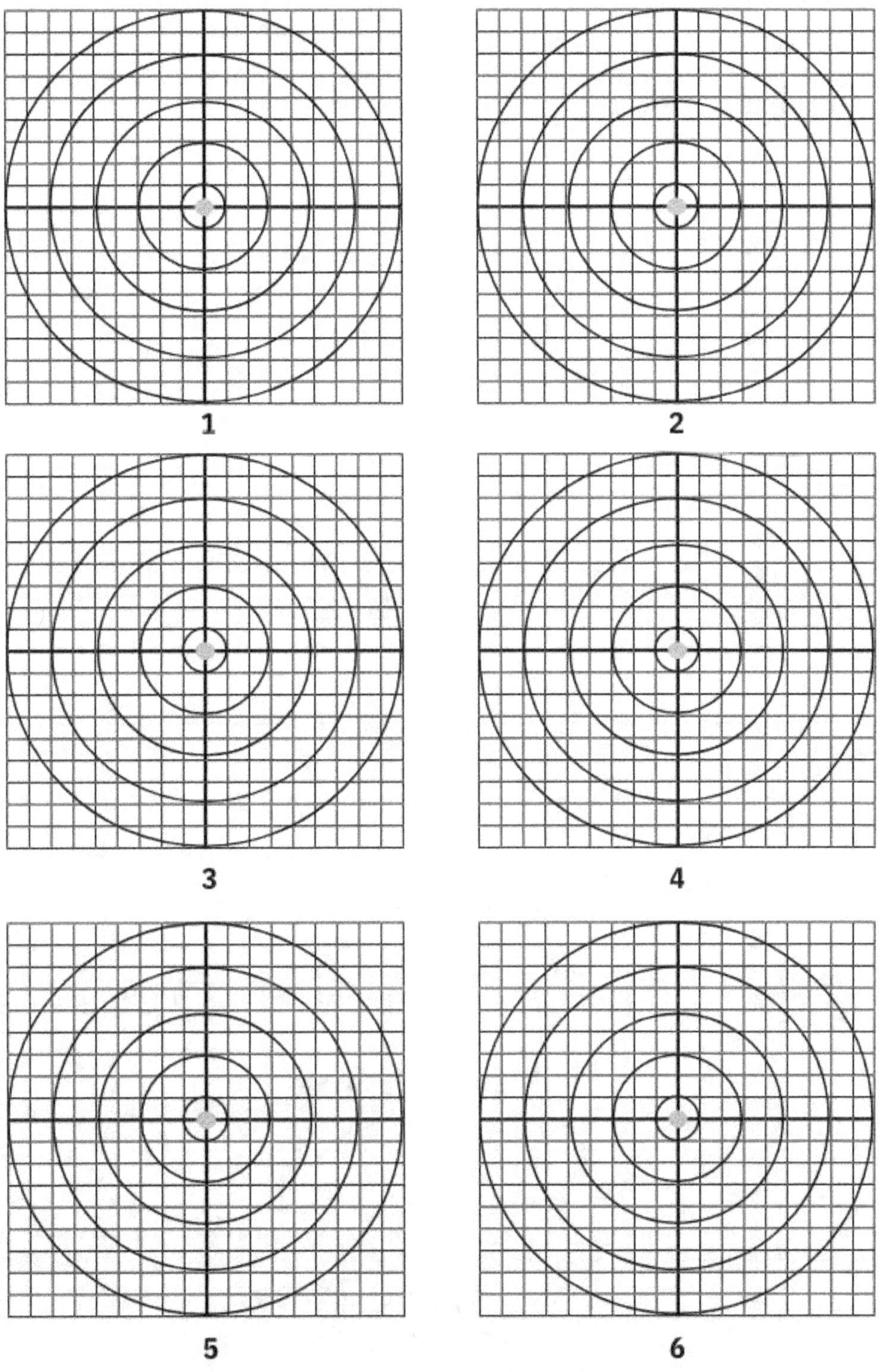

Idea de regalo ideal para principiantes y profesionales

Libro de datos de tiro deportivo

📅 Fecha: _________________________   🕐 Tiempo: __________

📍 Localización: ______________________________________

Condiciones climatológicas

☐   ☐   ☐   ☐   ☐   ☐   _______   _______

Arma de fuego:	
Bullet:	Profundidad de asiento:
Polvo:	Granos:
Primer:	
Latón:	
Distancia:	

Resultados generales

☐ pobre   ☐ justo   ☐ bien   ☐ excelente

Notas adicionales

____

____

____

☆ ☆ ☆ ☆ ☆

Idea de regalo ideal para principiantes y profesionales

Libro de datos de tiro deportivo

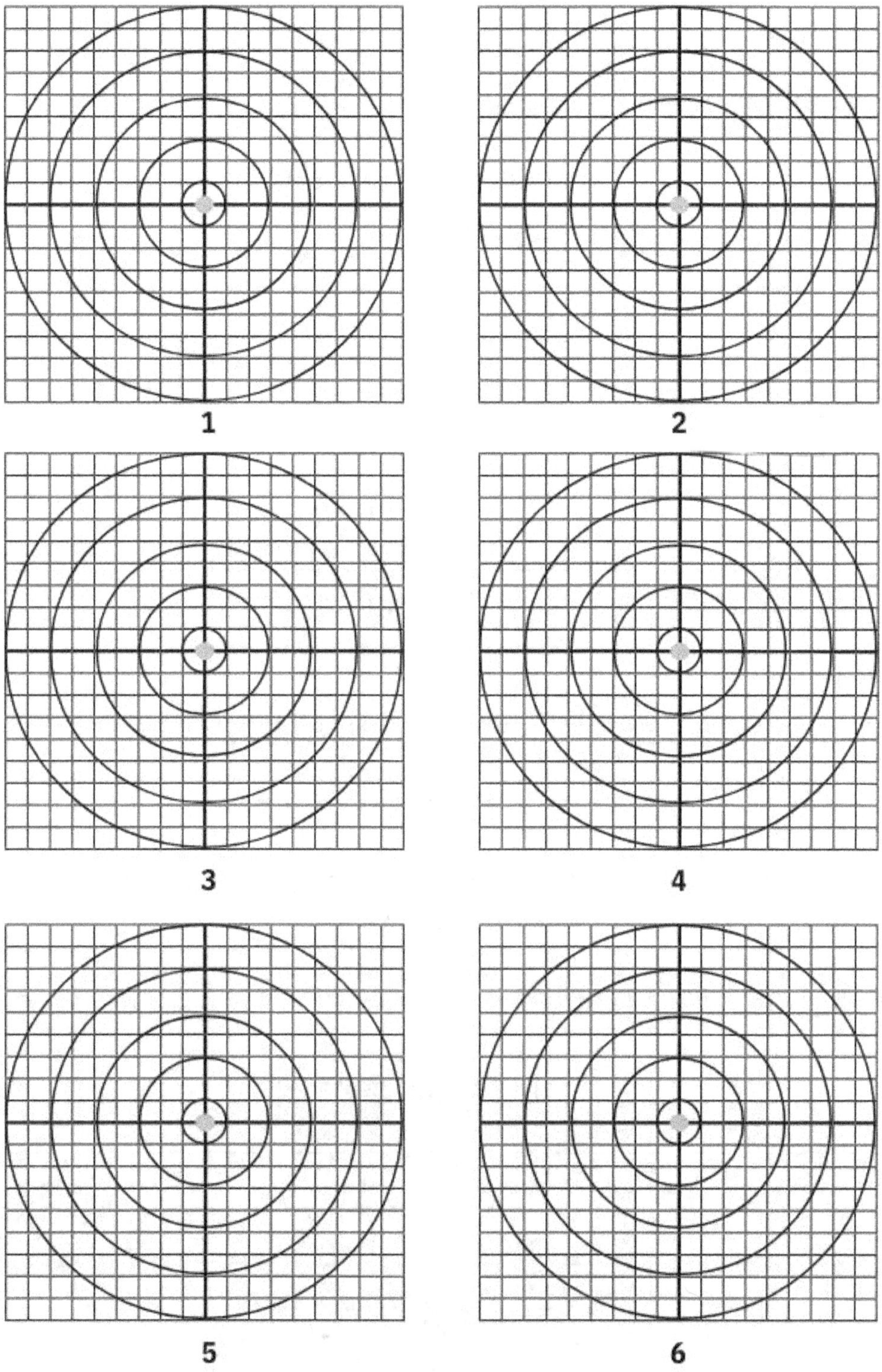

Idea de regalo ideal para principiantes y profesionales

Libro de datos de tiro deportivo

📅 Fecha: _________________________   🕐 Tiempo: _________

📍 Localización: _______________________________________

Condiciones climatológicas

☀ ☐   ⛅ ☐   🌥 ☐   🌦 ☐   🌧 ☐   🌨 ☐   🚩 _______   🌡 _______

Arma de fuego:	
Bullet:	Profundidad de asiento:
Polvo:	Granos:
Primer:	
Latón:	
Distancia:	

Resultados generales

☐ pobre   ☐ justo   ☐ bien   ☐ excelente

Notas adicionales

____

____

____

☆ ☆ ☆ ☆ ☆

Idea de regalo ideal para principiantes y profesionales

Libro de datos de tiro deportivo

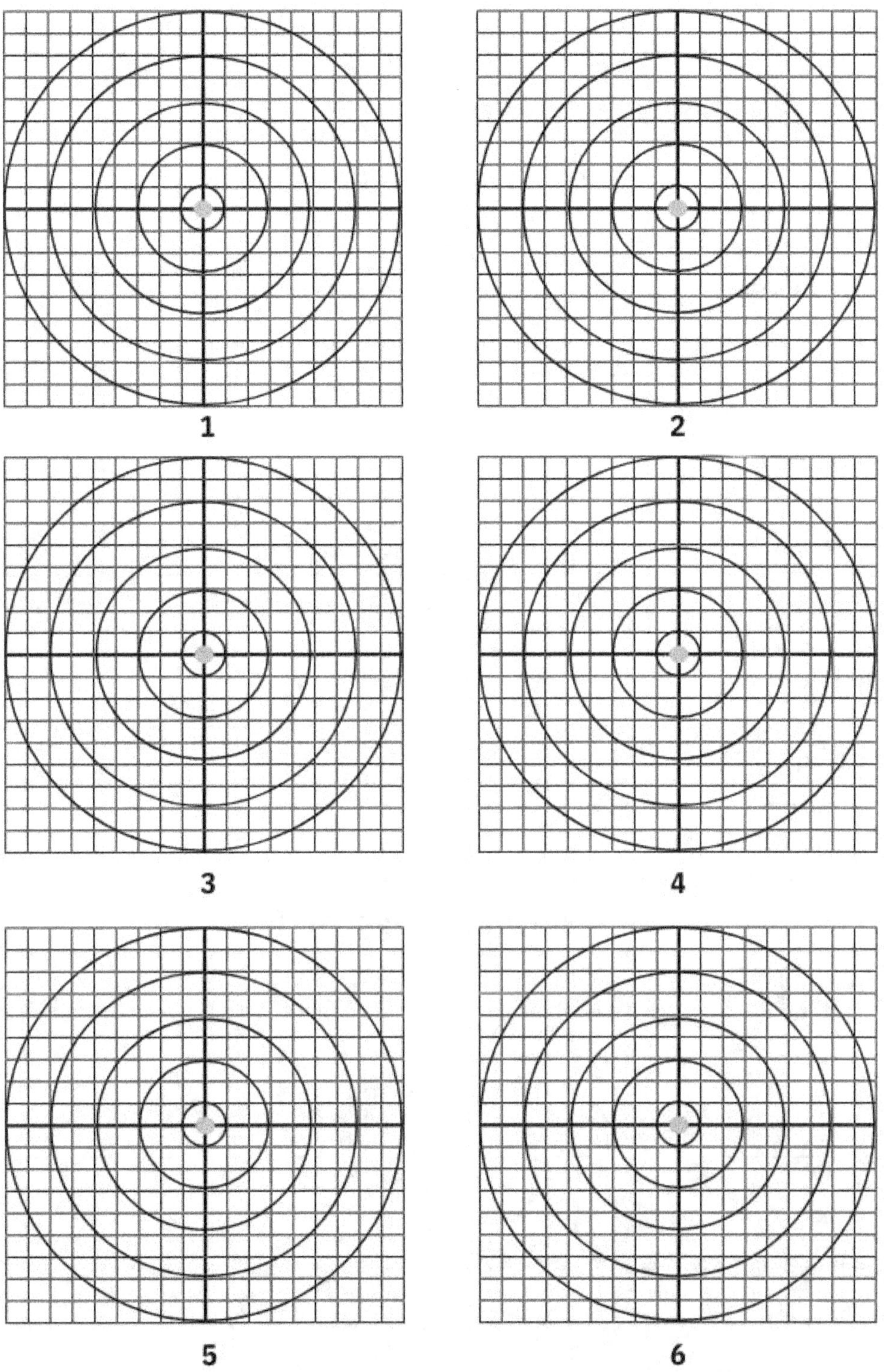

Idea de regalo ideal para principiantes y profesionales

Libro de datos de tiro deportivo

📅 Fecha: ________________   🕐 Tiempo: ________

📍 Localización: _________________________

Condiciones climatológicas

☐ ☐ ☐ ☐ ☐ ☐ ___ ___

Arma de fuego:	
Bullet:	Profundidad de asiento:
Polvo:	Granos:
Primer:	
Latón:	
Distancia:	

Resultados generales

☐ pobre   ☐ justo   ☐ bien   ☐ excelente

Notas adicionales

____

____

☆ ☆ ☆ ☆ ☆

Idea de regalo ideal para principiantes y profesionales

Libro de datos de tiro deportivo

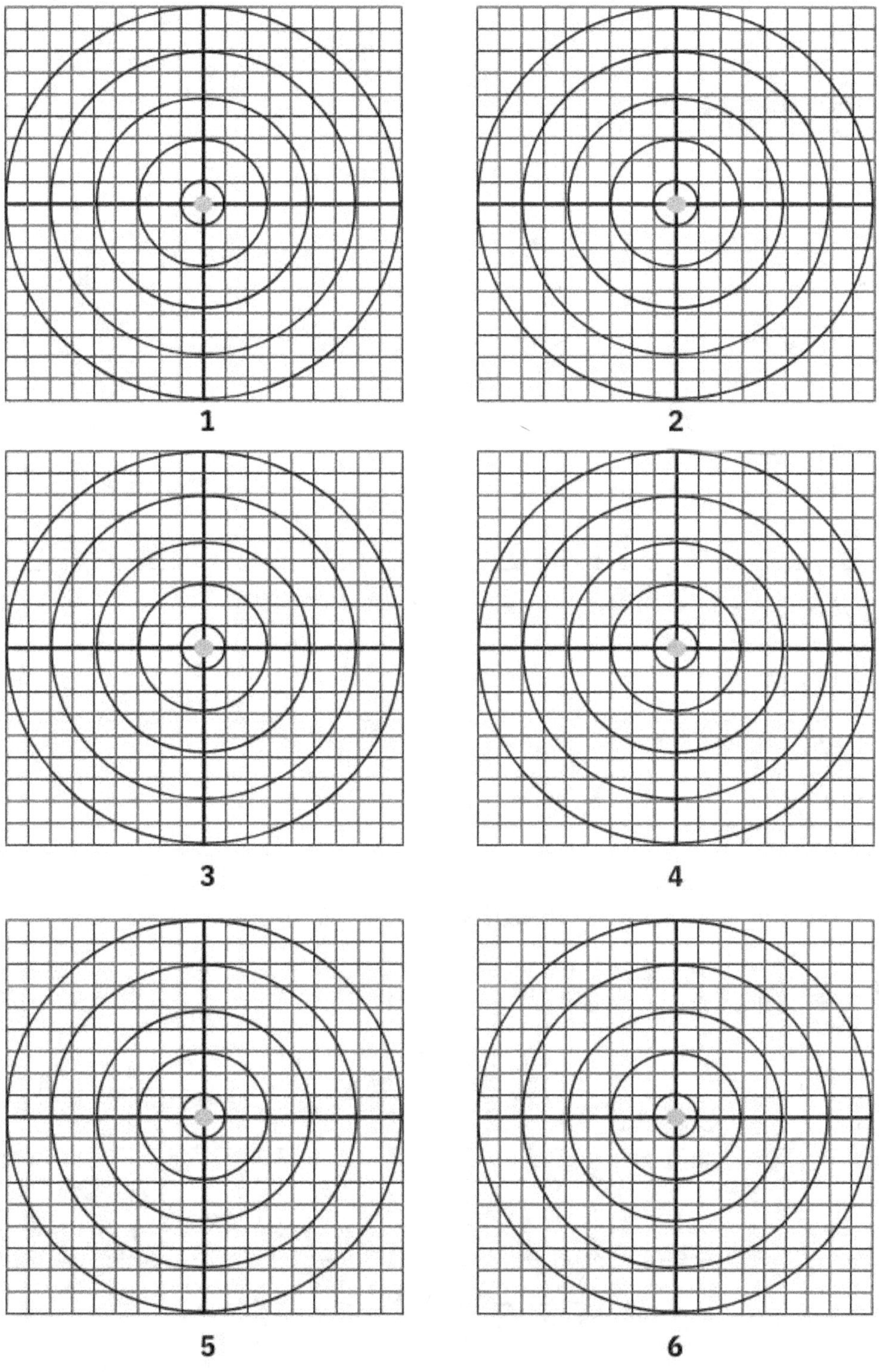

Idea de regalo ideal para principiantes y profesionales

Libro de datos de tiro deportivo

📅 Fecha: _________________ 🕐 Tiempo: _________

📍 Localización: _________________________________

Condiciones climatológicas

☀ ☁ ⛅ 🌧 🌧 ❄ 🚩 🌡

☐ ☐ ☐ ☐ ☐ ☐ ____ ____

Arma de fuego:	
Bullet:	Profundidad de asiento:
Polvo:	Granos:
Primer:	
Latón:	
Distancia:	

Resultados generales

☐ pobre ☐ justo ☐ bien ☐ excelente

Notas adicionales

____

____

____

☆ ☆ ☆ ☆ ☆

Idea de regalo ideal para principiantes y profesionales

Libro de datos de tiro deportivo

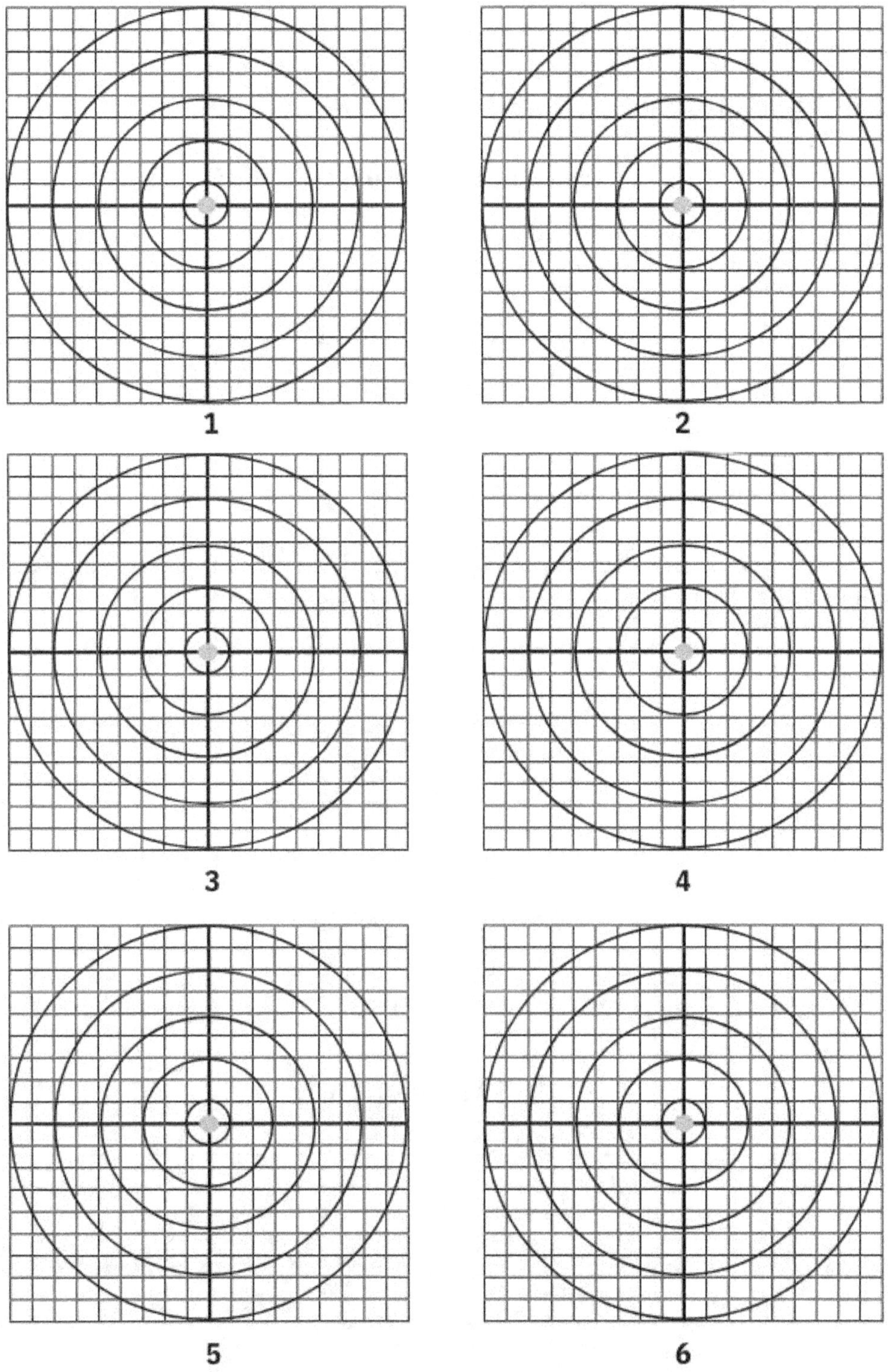

Idea de regalo ideal para principiantes y profesionales

Libro de datos de tiro deportivo

📅 Fecha: _________________　🕐 Tiempo: _________

📍 Localización: _______________________________

Condiciones climatológicas

☐　☐　☐　☐　☐　☐　　▷　　🌡 ______

Arma de fuego:	
Bullet:	Profundidad de asiento:
Polvo:	Granos:
Primer:	
Latón:	
Distancia:	

Resultados generales

☐ pobre　　☐ justo　　☐ bien　　☐ excelente

Notas adicionales

____

____

____

☆ ☆ ☆ ☆ ☆

Libro de datos de tiro deportivo

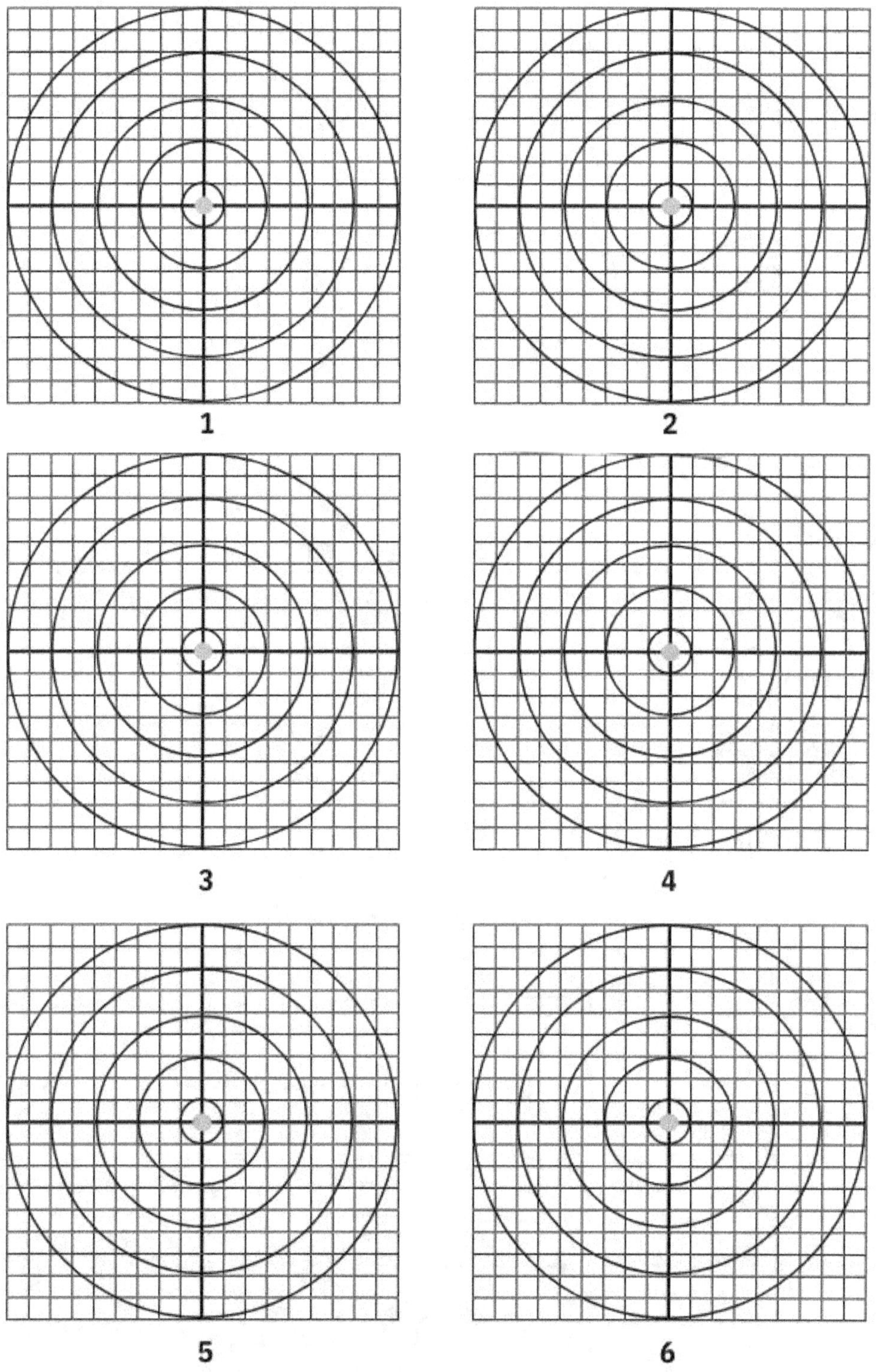

Idea de regalo ideal para principiantes y profesionales

Libro de datos de tiro deportivo

Fecha: ______________________ Tiempo: __________

Localización: ______________________

Condiciones climatológicas

☐ ☐ ☐ ☐ ☐ ☐

Arma de fuego:	
Bullet:	Profundidad de asiento:
Polvo:	Granos:
Primer:	
Latón:	
Distancia:	

Resultados generales

☐ pobre   ☐ justo   ☐ bien   ☐ excelente

Notas adicionales

____

____

____

Idea de regalo ideal para principiantes y profesionales

Libro de datos de tiro deportivo

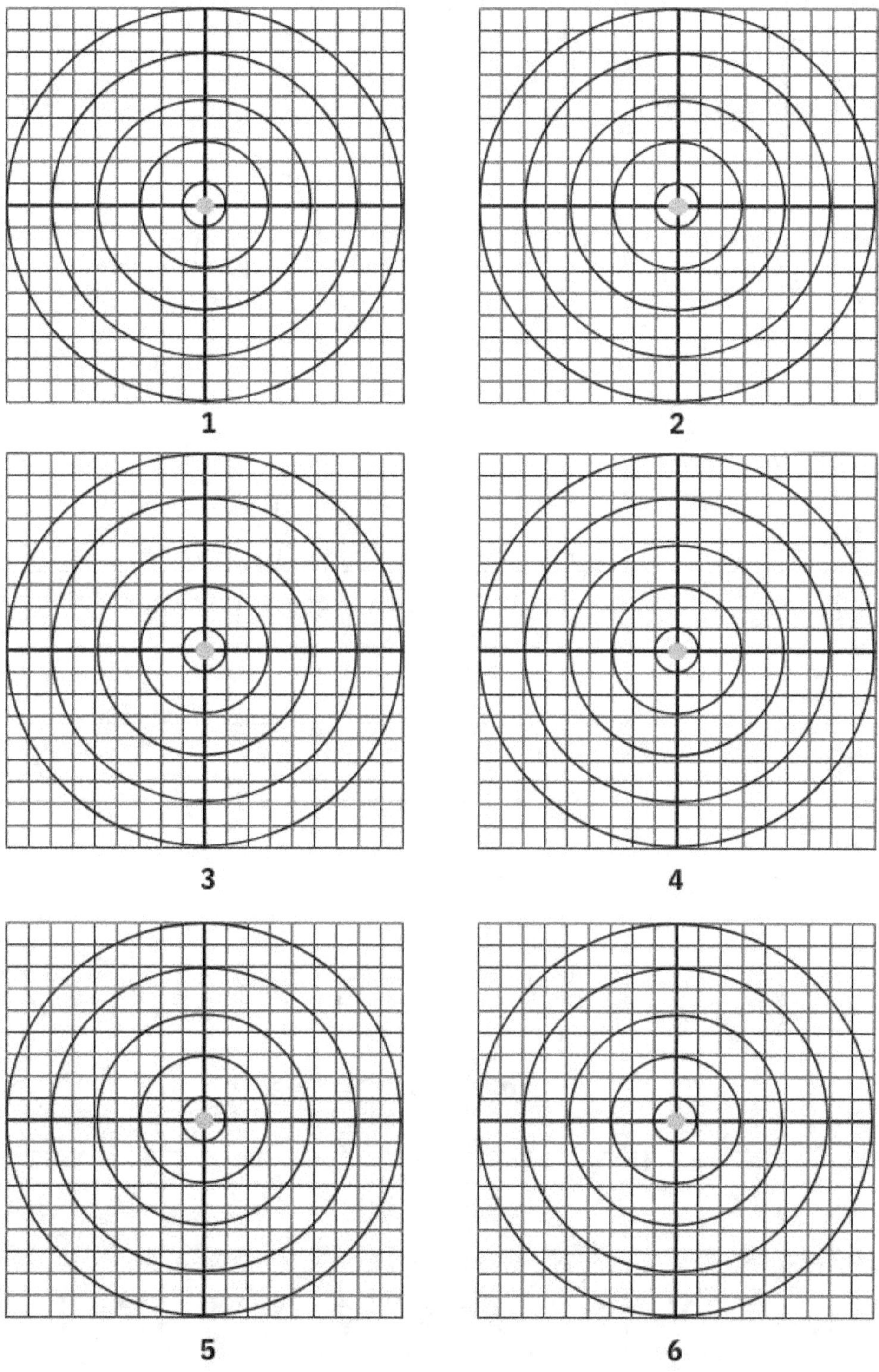

Idea de regalo ideal para principiantes y profesionales

Libro de datos de tiro deportivo

📅 Fecha: _________________   🕐 Tiempo: _________

📍 Localización: ________________________________

Condiciones climatológicas

☐   ☐   ☐   ☐   ☐   ☐   🚩 _____   🌡 _____

Arma de fuego:	
Bullet:	Profundidad de asiento:
Polvo:	Granos:
Primer:	
Latón:	
Distancia:	

Resultados generales

☐ pobre   ☐ justo   ☐ bien   ☐ excelente

Notas adicionales

____

____

☆ ☆ ☆ ☆ ☆

Idea de regalo ideal para principiantes y profesionales

Libro de datos de tiro deportivo

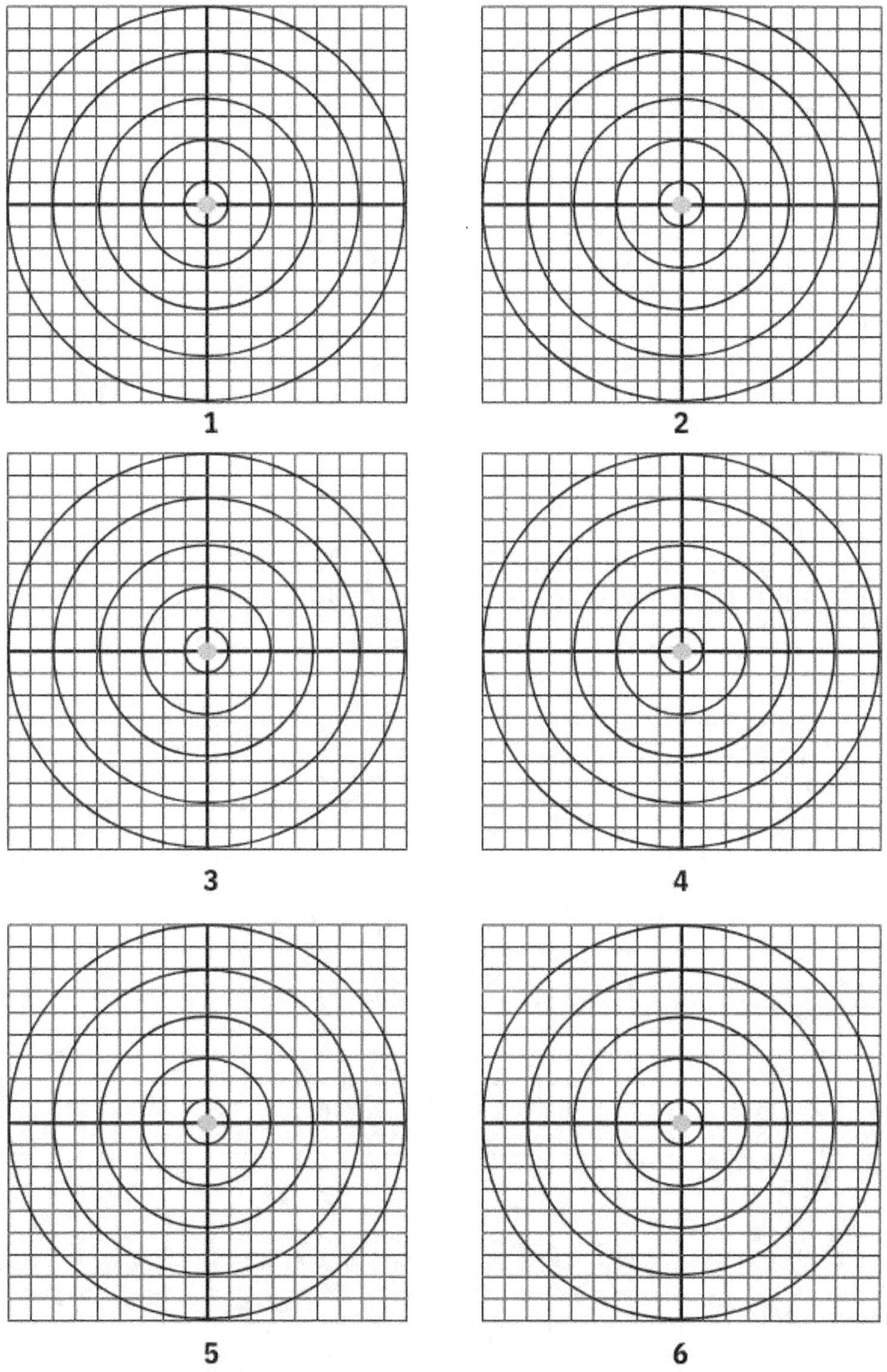

Idea de regalo ideal para principiantes y profesionales

Libro de datos de tiro deportivo

📅 Fecha: _________________ 🕐 Tiempo: _________

📍 Localización: _________________________________

Condiciones climatológicas

☐ ☐ ☐ ☐ ☐ ☐ _____ _____

Arma de fuego:	
Bullet:	Profundidad de asiento:
Polvo:	Granos:
Primer:	
Latón:	
Distancia:	

Resultados generales

☐ pobre   ☐ justo   ☐ bien   ☐ excelente

Notas adicionales

____

____

____

☆ ☆ ☆ ☆ ☆

Idea de regalo ideal para principiantes y profesionales

Libro de datos de tiro deportivo

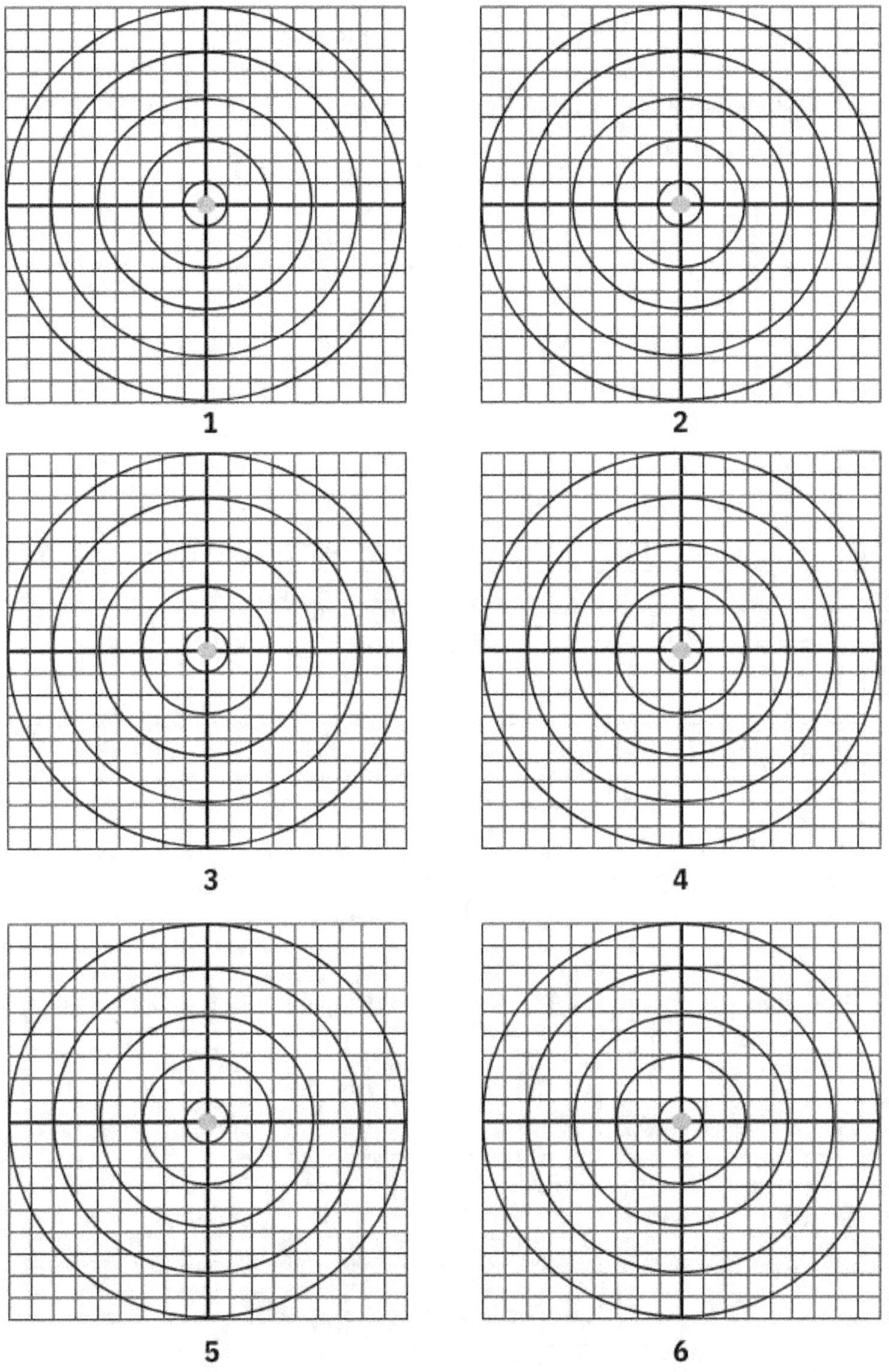

Idea de regalo ideal para principiantes y profesionales

Libro de datos de tiro deportivo

📅 Fecha: _________________________ 🕐 Tiempo: _________

📍 Localización: _________________________________

Condiciones climatológicas

☐ ☐ ☐ ☐ ☐ ☐

Arma de fuego:	
Bullet:	Profundidad de asiento:
Polvo:	Granos:
Primer:	
Latón:	
Distancia:	

Resultados generales

☐ pobre　☐ justo　☐ bien　☐ excelente

Notas adicionales

____

____

____

☆ ☆ ☆ ☆ ☆

Idea de regalo ideal para principiantes y profesionales

Libro de datos de tiro deportivo

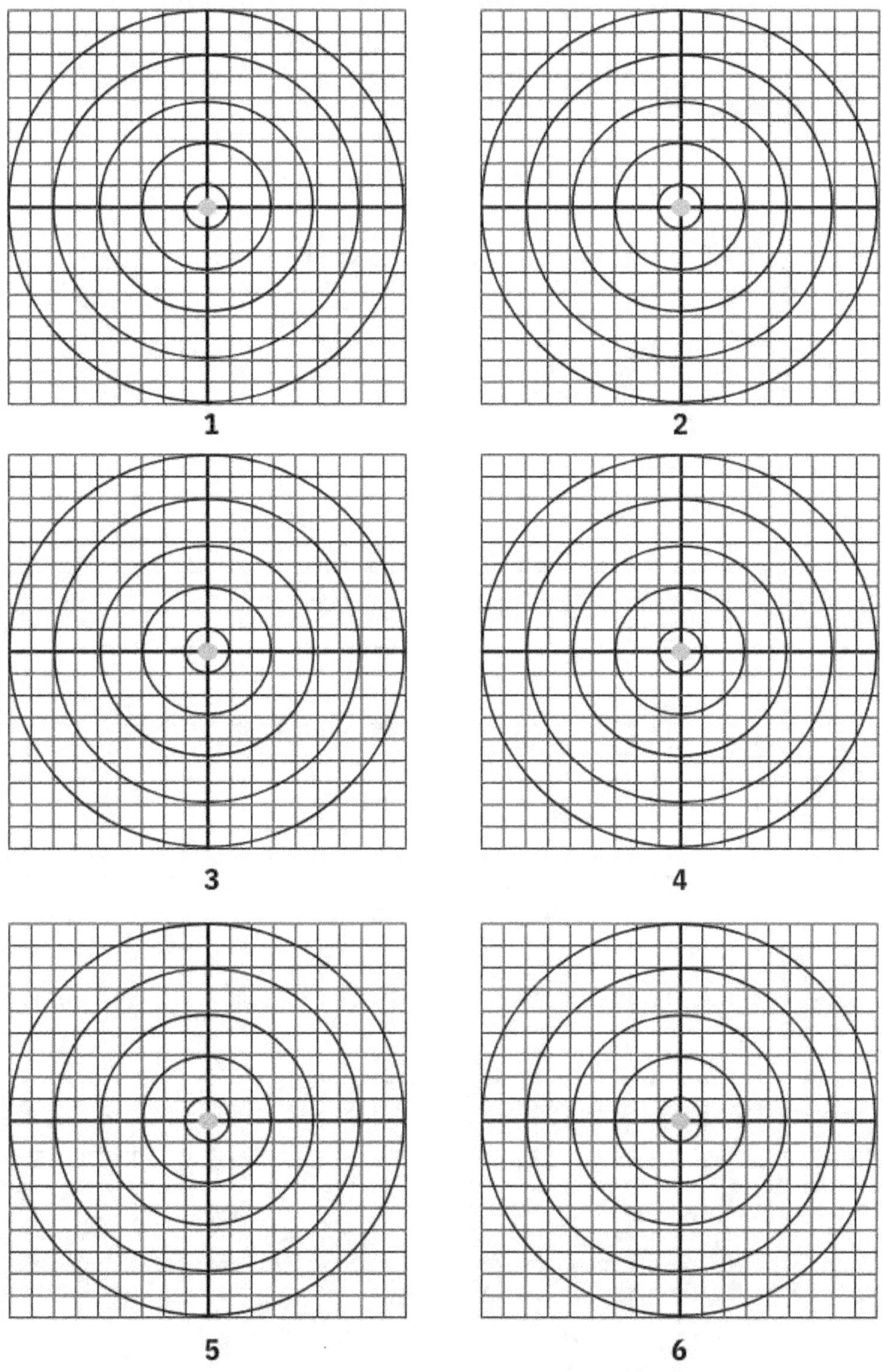

Idea de regalo ideal para principiantes y profesionales

Libro de datos de tiro deportivo

📅 Fecha: _____________________ 🕐 Tiempo: _________

📍 Localización: _______________________________

Condiciones climatológicas

☐ ☐ ☐ ☐ ☐ ☐ _______ 🌡 _______

Arma de fuego:	
Bullet:	Profundidad de asiento:
Polvo:	Granos:
Primer:	
Latón:	
Distancia:	

Resultados generales

☐ pobre   ☐ justo   ☐ bien   ☐ excelente

Notas adicionales

____

____

____

☆ ☆ ☆ ☆ ☆

Idea de regalo ideal para principiantes y profesionales

Libro de datos de tiro deportivo

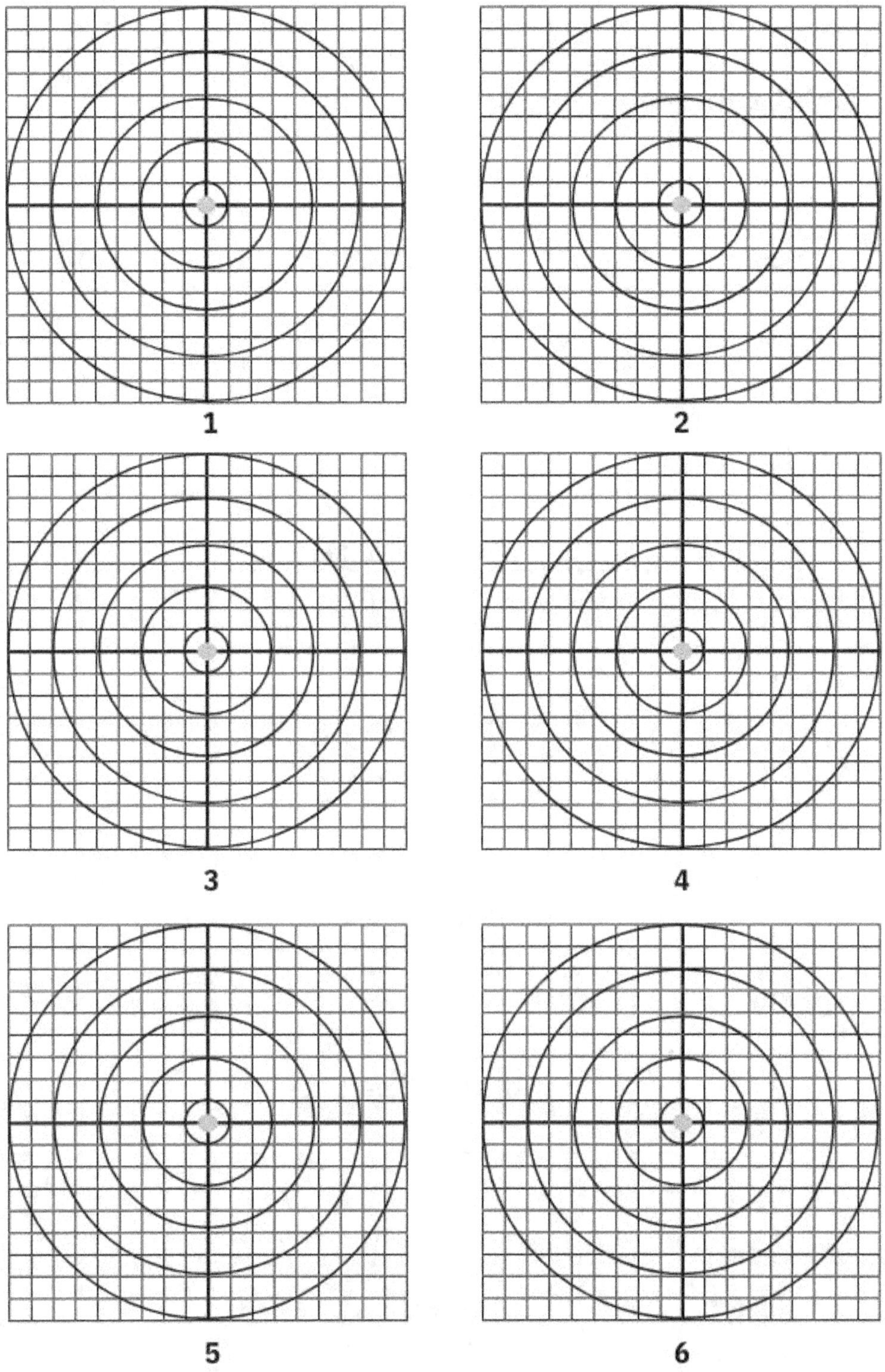

Idea de regalo ideal para principiantes y profesionales

Libro de datos de tiro deportivo

📅 Fecha: _________________________ 🕐 Tiempo: _________

📍 Localización: ____

Condiciones climatológicas

☐ ☐ ☐ ☐ ☐ ☐ _______ _______

Arma de fuego:	
Bullet:	Profundidad de asiento:
Polvo:	Granos:
Primer:	
Latón:	
Distancia:	

Resultados generales

☐ pobre ☐ justo ☐ bien ☐ excelente

Notas adicionales

____

____

____

Idea de regalo ideal para principiantes y profesionales

Libro de datos de tiro deportivo

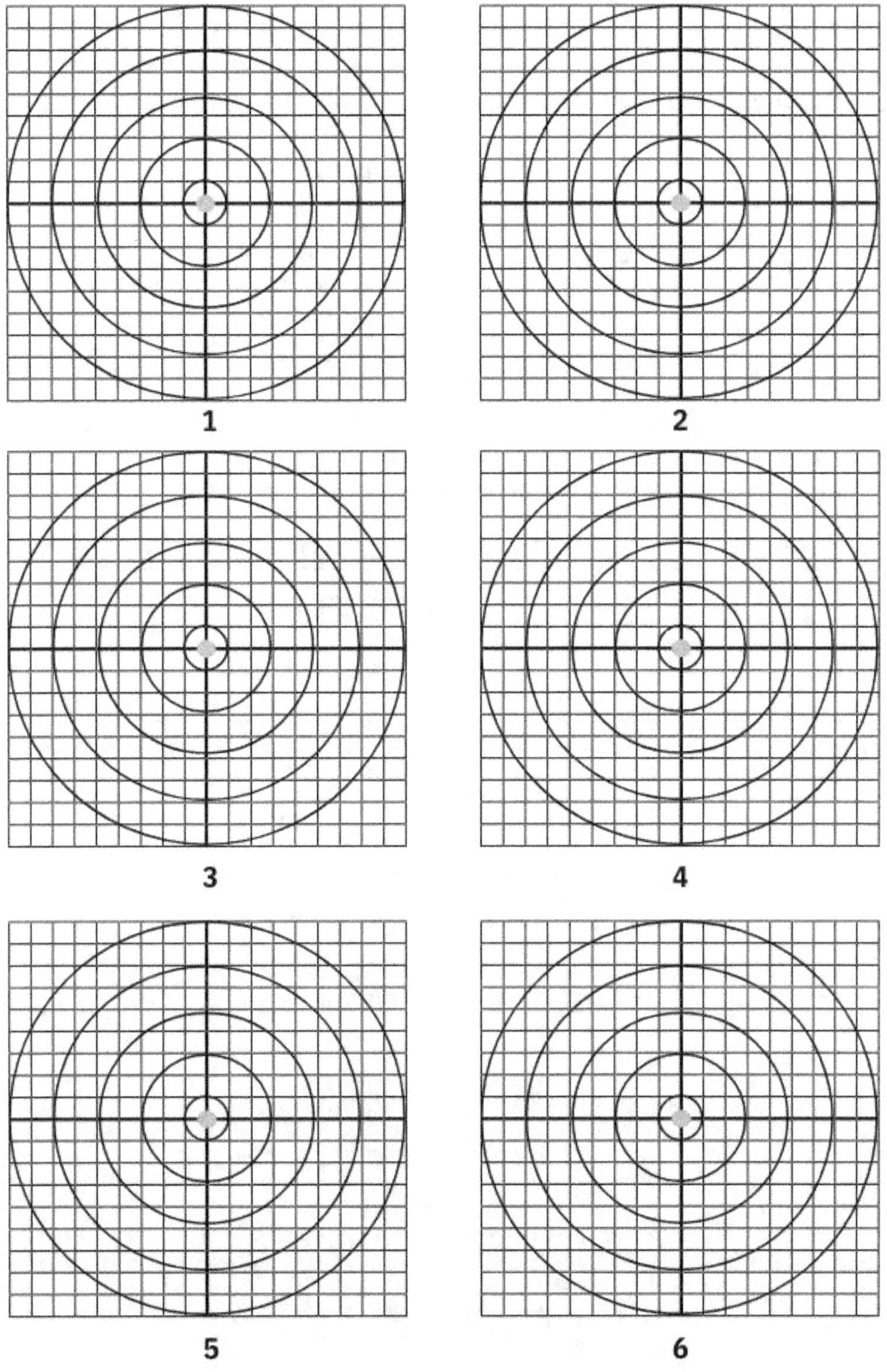

Idea de regalo ideal para principiantes y profesionales

Libro de datos de tiro deportivo

📅 Fecha: _____________________ 🕐 Tiempo: __________

📍 Localización: ____

Condiciones climatológicas

☐ ☐ ☐ ☐ ☐ ☐ ▷| ______ 🌡 ______

Arma de fuego:	
Bullet:	Profundidad de asiento:
Polvo:	Granos:
Primer:	
Latón:	
Distancia:	

Resultados generales

☐ pobre   ☐ justo   ☐ bien   ☐ excelente

Notas adicionales

____

____

____

☆ ☆ ☆ ☆ ☆

Idea de regalo ideal para principiantes y profesionales

Libro de datos de tiro deportivo

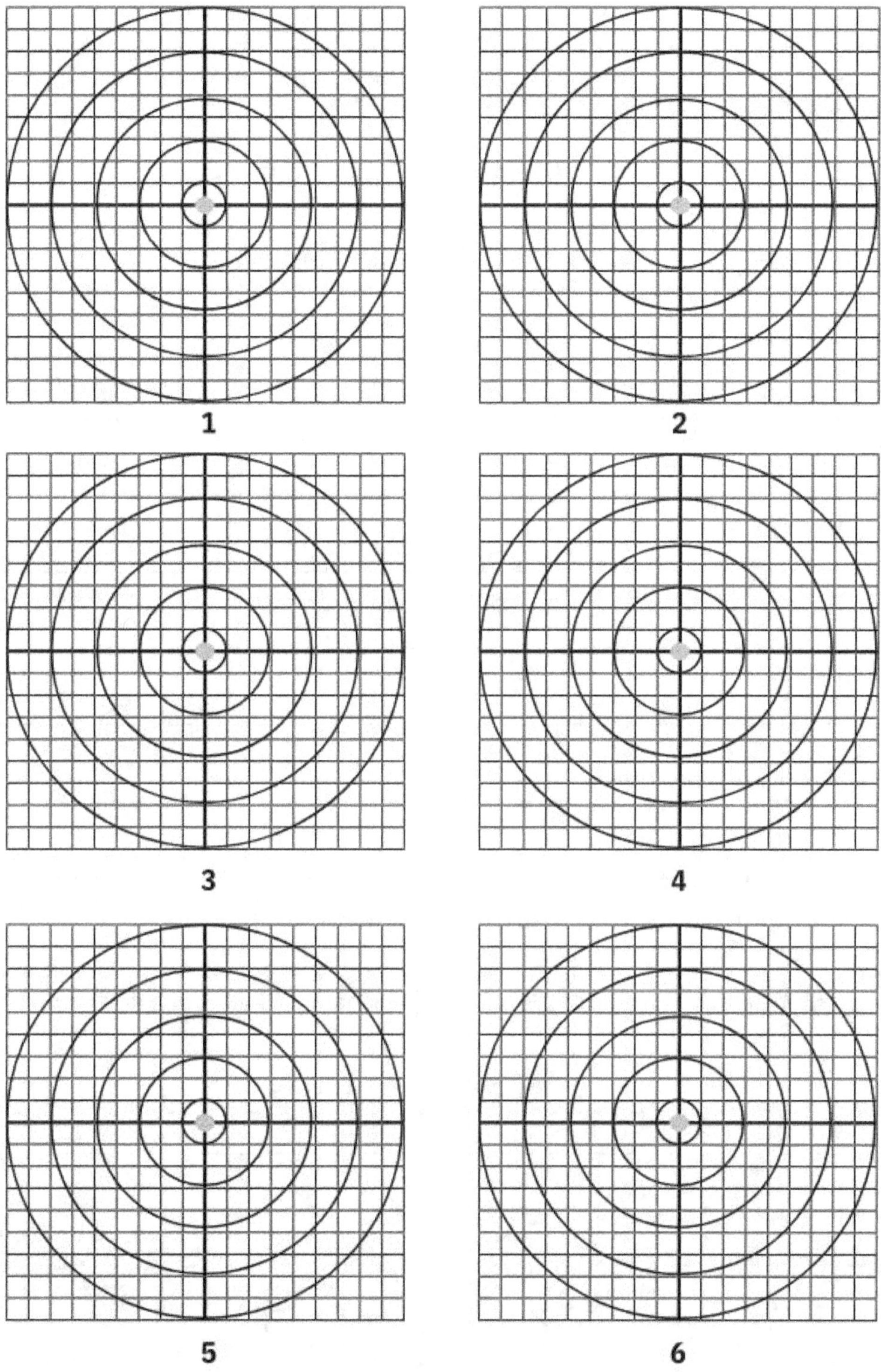

Idea de regalo ideal para principiantes y profesionales

Libro de datos de tiro deportivo

📅 Fecha: _________________   🕐 Tiempo: _________

📍 Localización: _______________________________

Condiciones climatológicas

☐   ☐   ☐   ☐   ☐   ☐   ______   ______

Arma de fuego:	
Bullet:	Profundidad de asiento:
Polvo:	Granos:
Primer:	
Latón:	
Distancia:	

Resultados generales

☐ pobre   ☐ justo   ☐ bien   ☐ excelente

Notas adicionales

____

____

____

☆ ☆ ☆ ☆ ☆

Idea de regalo ideal para principiantes y profesionales

Libro de datos de tiro deportivo

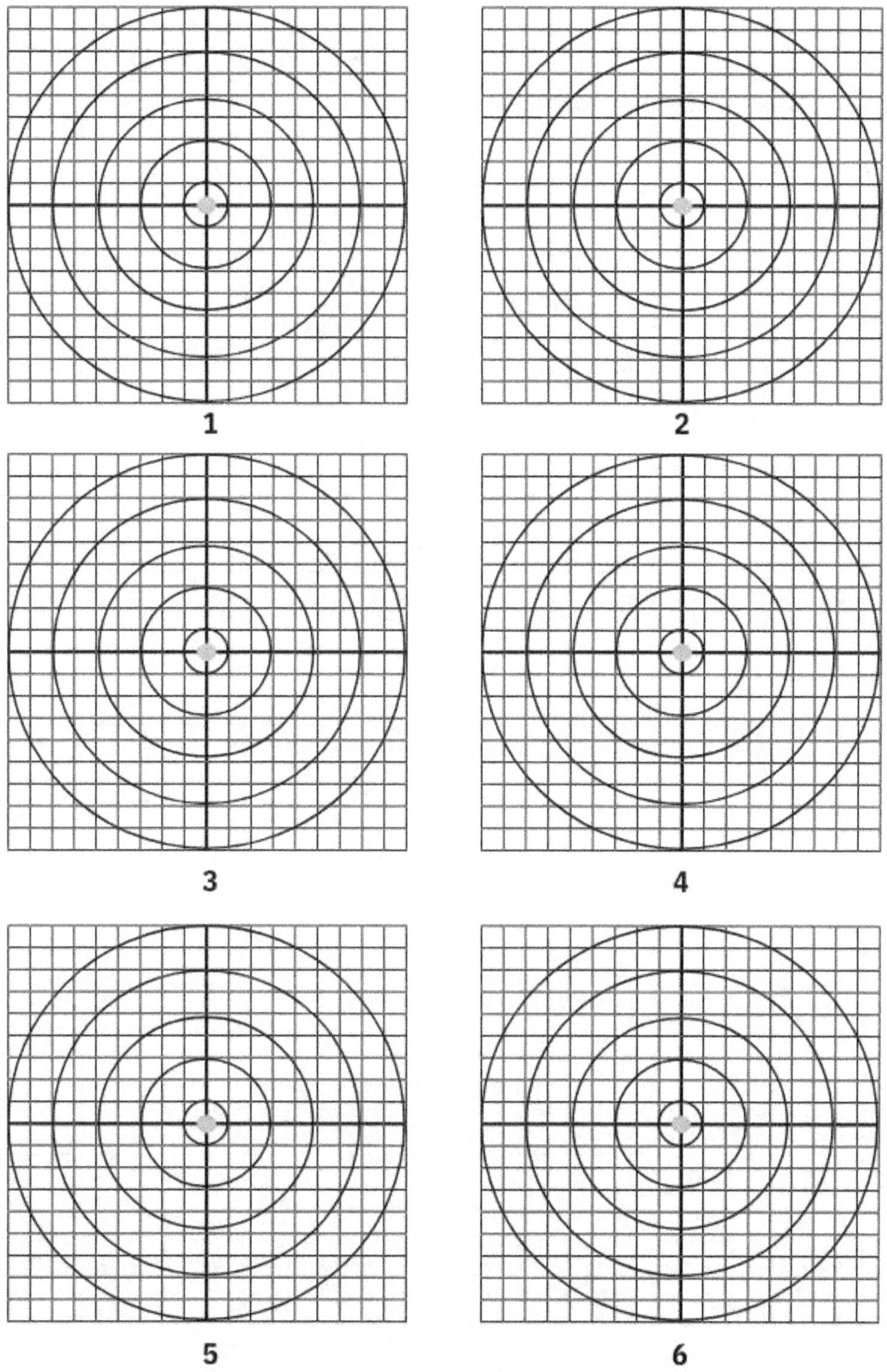

Idea de regalo ideal para principiantes y profesionales

Libro de datos de tiro deportivo

📅 Fecha: ___________________ 🕐 Tiempo: _________

📍 Localización: _________________________________

Condiciones climatológicas

☐ ☐ ☐ ☐ ☐ ☐ _______ _______

Arma de fuego:	
Bullet:	Profundidad de asiento:
Polvo:	Granos:
Primer:	
Latón:	
Distancia:	

Resultados generales

☐ pobre   ☐ justo   ☐ bien   ☐ excelente

Notas adicionales

____

____

____

☆ ☆ ☆ ☆ ☆

Idea de regalo ideal para principiantes y profesionales

Libro de datos de tiro deportivo

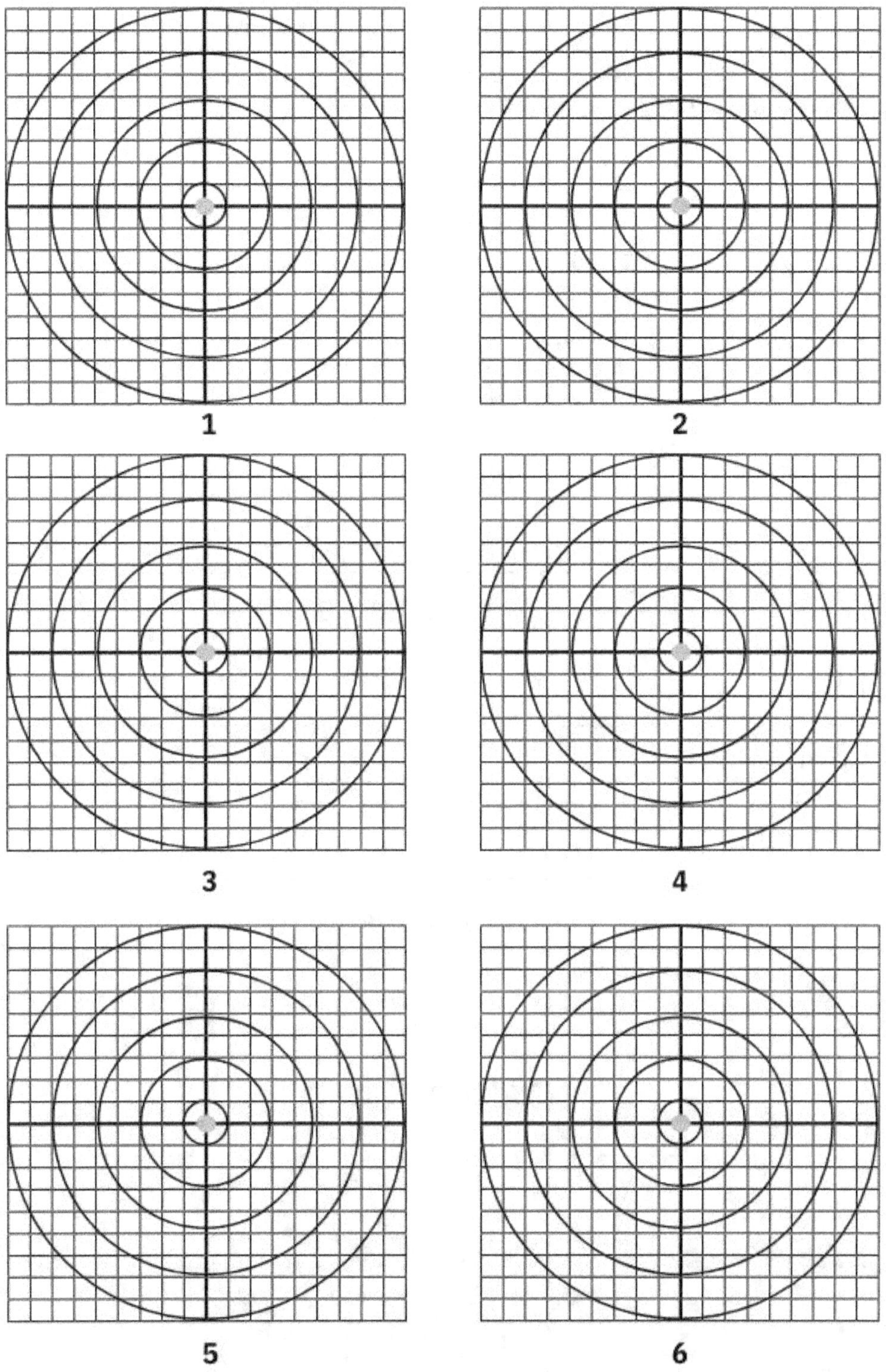

Idea de regalo ideal para principiantes y profesionales

Libro de datos de tiro deportivo

📅 Fecha: _____________________ 🕐 Tiempo: __________

📍 Localización: _________________________________

Condiciones climatológicas

☐ ☐ ☐ ☐ ☐ ☐ _________ _________

Arma de fuego:	
Bullet:	Profundidad de asiento:
Polvo:	Granos:
Primer:	
Latón:	
Distancia:	

Resultados generales

☐ pobre   ☐ justo   ☐ bien   ☐ excelente

Notas adicionales

____

____

____

☆ ☆ ☆ ☆ ☆

Idea de regalo ideal para principiantes y profesionales

Libro de datos de tiro deportivo

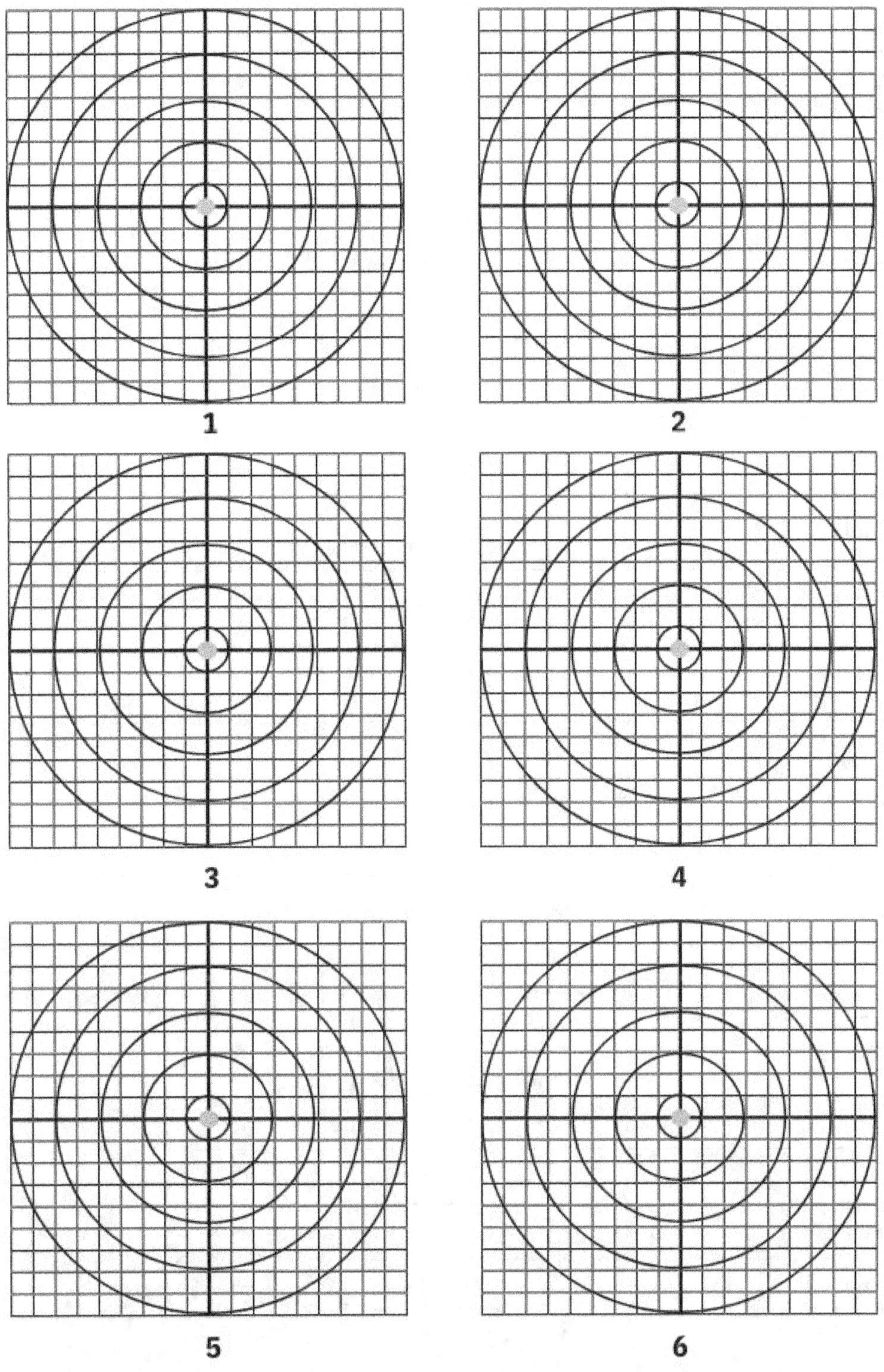

Idea de regalo ideal para principiantes y profesionales

Libro de datos de tiro deportivo

📅 Fecha: _________________________ 🕐 Tiempo: _________

📍 Localización: ____

Condiciones climatológicas

☐ ☐ ☐ ☐ ☐ ☐ _________ _________

Arma de fuego:	
Bullet:	Profundidad de asiento:
Polvo:	Granos:
Primer:	
Latón:	
Distancia:	

Resultados generales

☐ pobre　　☐ justo　　☐ bien　　☐ excelente

Notas adicionales

____

____

____

☆ ☆ ☆ ☆ ☆

Idea de regalo ideal para principiantes y profesionales

Libro de datos de tiro deportivo

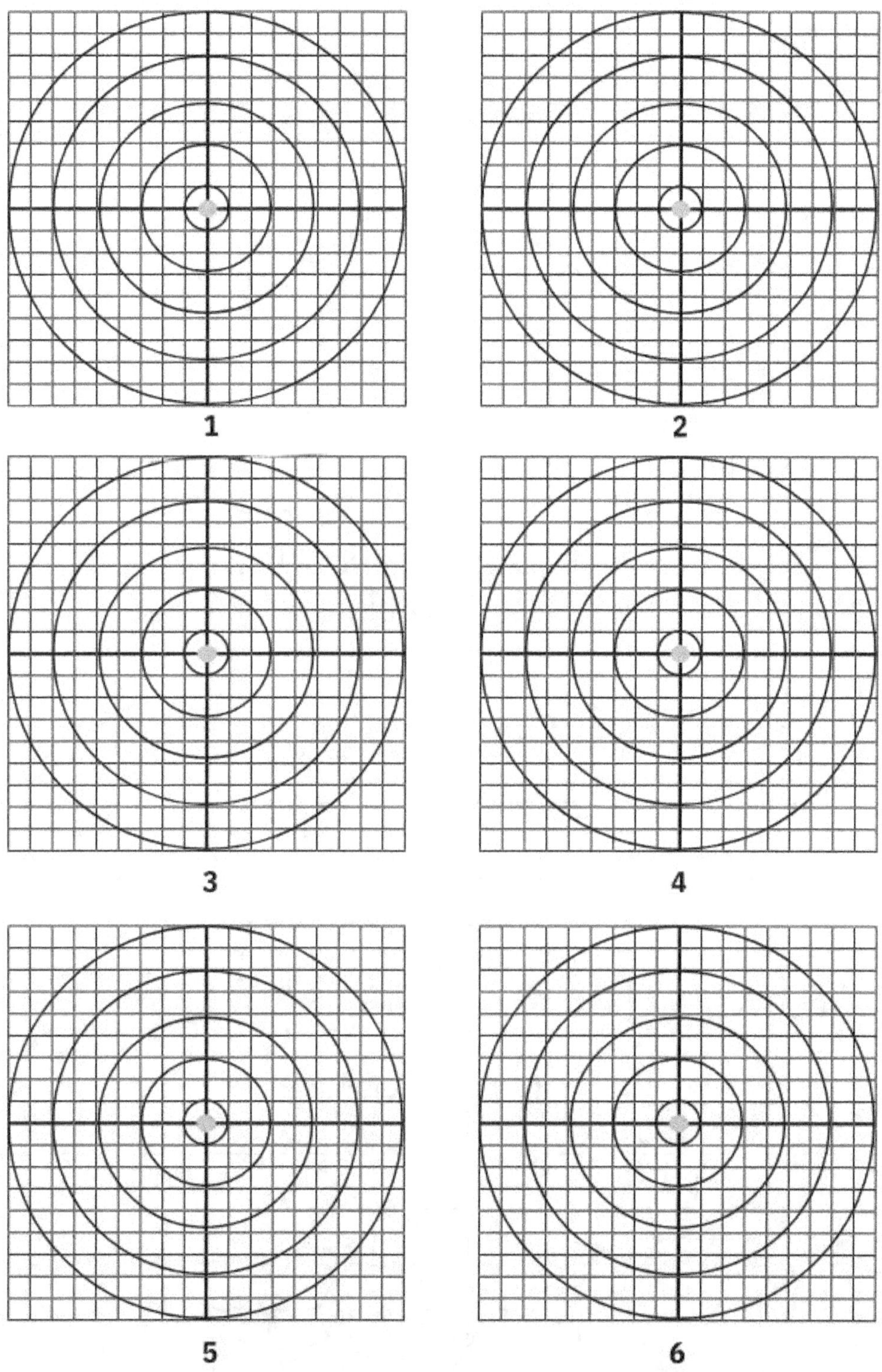

Idea de regalo ideal para principiantes y profesionales

Libro de datos de tiro deportivo

📅 Fecha: _________________   🕐 Tiempo: _________

📍 Localización: _______________________________

Condiciones climatológicas

☐   ☐   ☐   ☐   ☐   ☐   _______   _______

Arma de fuego:	
Bullet:	Profundidad de asiento:
Polvo:	Granos:
Primer:	
Latón:	
Distancia:	

Resultados generales

☐ pobre   ☐ justo   ☐ bien   ☐ excelente

Notas adicionales

____

____

____

☆ ☆ ☆ ☆ ☆

Idea de regalo ideal para principiantes y profesionales

Libro de datos de tiro deportivo

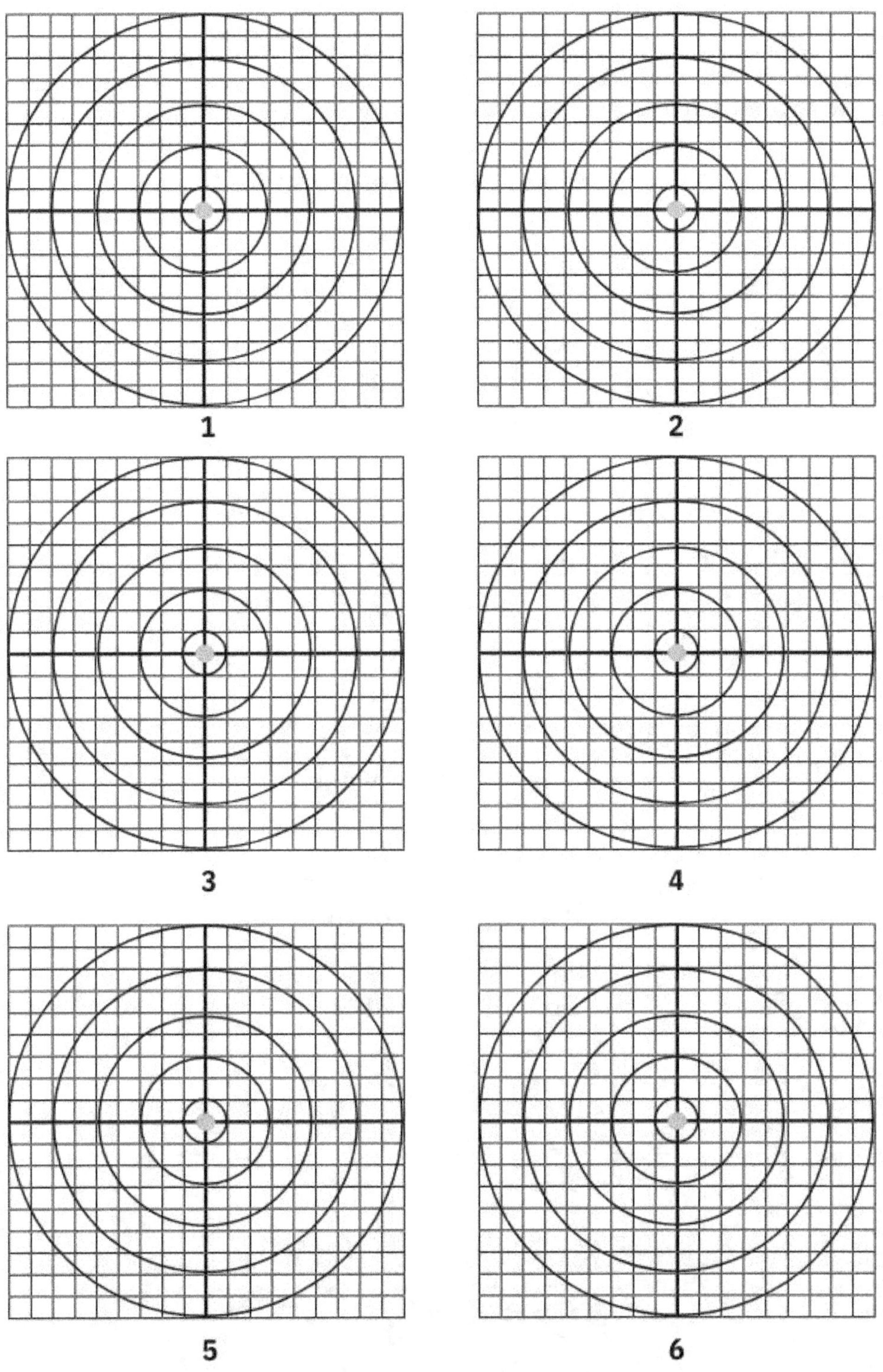

Idea de regalo ideal para principiantes y profesionales

Libro de datos de tiro deportivo

📅 Fecha: _____________________   🕐 Tiempo: _________

📍 Localización: _____________________________________

Condiciones climatológicas

☀ ☐   ⛅ ☐   🌦 ☐   🌧 ☐   🌧 ☐   🌨 ☐   🚩 _______   🌡 _______

Arma de fuego:	
Bullet:	Profundidad de asiento:
Polvo:	Granos:
Primer:	
Latón:	
Distancia:	

Resultados generales

☐ pobre   ☐ justo   ☐ bien   ☐ excelente

Notas adicionales

____

____

____

☆ ☆ ☆ ☆ ☆

Idea de regalo ideal para principiantes y profesionales

Libro de datos de tiro deportivo

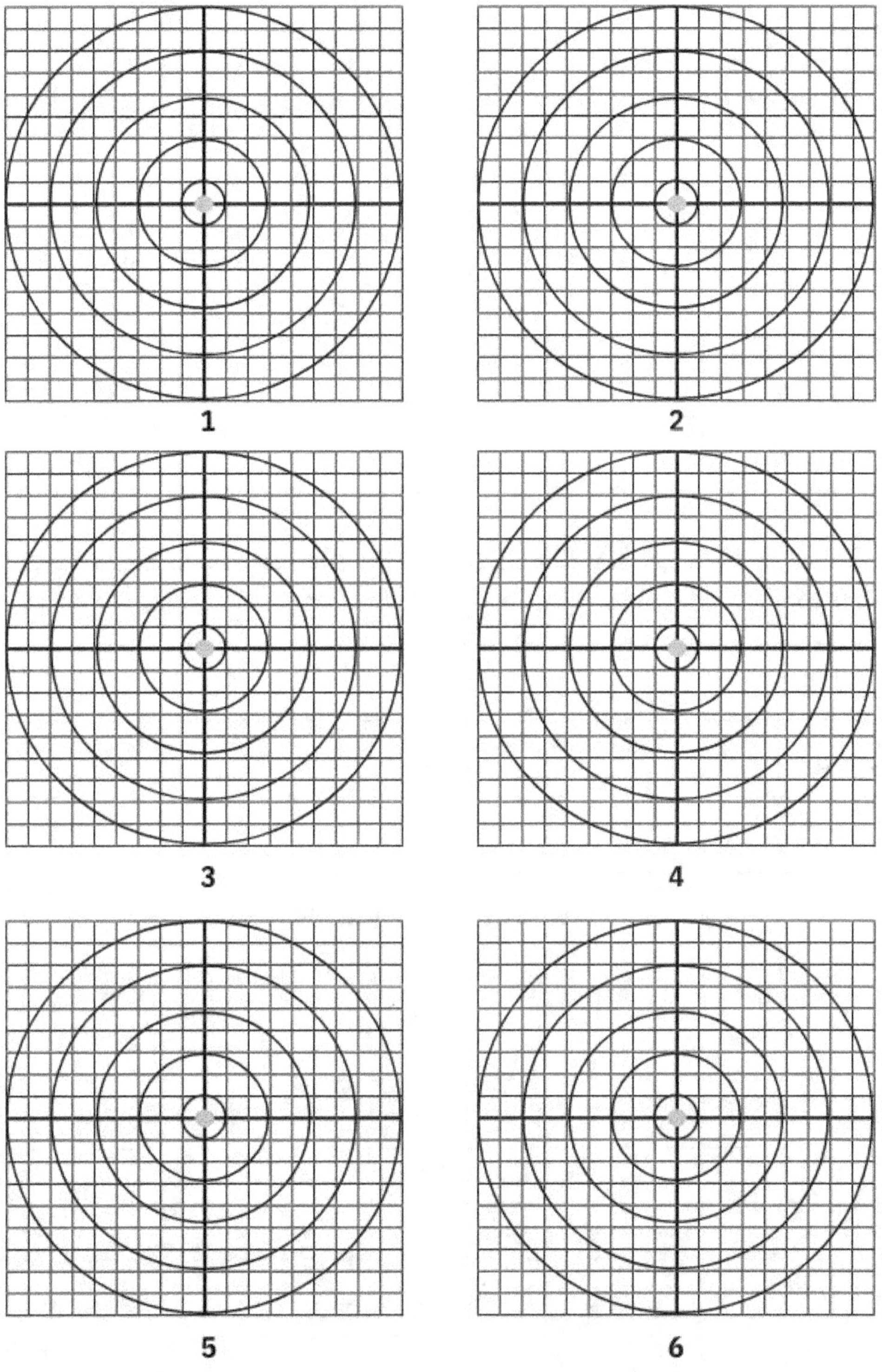

Idea de regalo ideal para principiantes y profesionales

Libro de datos de tiro deportivo

📅 Fecha: _________________ 🕐 Tiempo: _________

📍 Localización: _______________________________

Condiciones climatológicas

☐ ☐ ☐ ☐ ☐ ☐ ⚑ _______ 🌡 _______

Arma de fuego:	
Bullet:	Profundidad de asiento:
Polvo:	Granos:
Primer:	
Latón:	
Distancia:	

Resultados generales

☐ pobre   ☐ justo   ☐ bien   ☐ excelente

Notas adicionales

____

____

____

☆ ☆ ☆ ☆ ☆

Idea de regalo ideal para principiantes y profesionales

Libro de datos de tiro deportivo

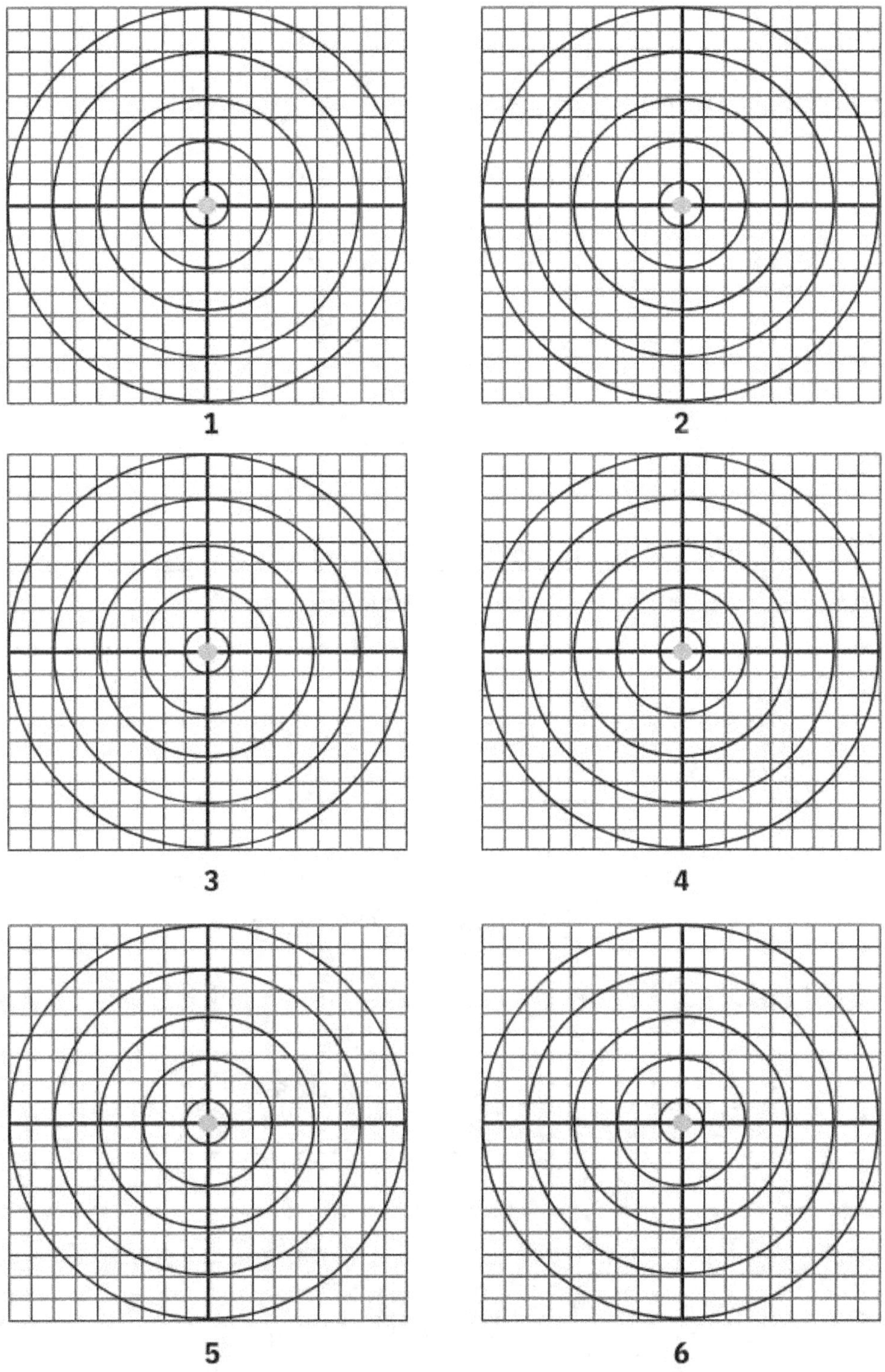

Idea de regalo ideal para principiantes y profesionales

Libro de datos de tiro deportivo

📅 Fecha: _________________ 🕐 Tiempo: _________

📍 Localización: _______________________

Condiciones climatológicas

☐   ☐   ☐   ☐   ☐   ☐   ⚑ _______   🌡 _______

Arma de fuego:	
Bullet:	Profundidad de asiento:
Polvo:	Granos:
Primer:	
Latón:	
Distancia:	

Resultados generales

☐ pobre ☐ justo ☐ bien ☐ excelente

Notas adicionales

____

____

____

☆ ☆ ☆ ☆ ☆

Idea de regalo ideal para principiantes y profesionales

Libro de datos de tiro deportivo

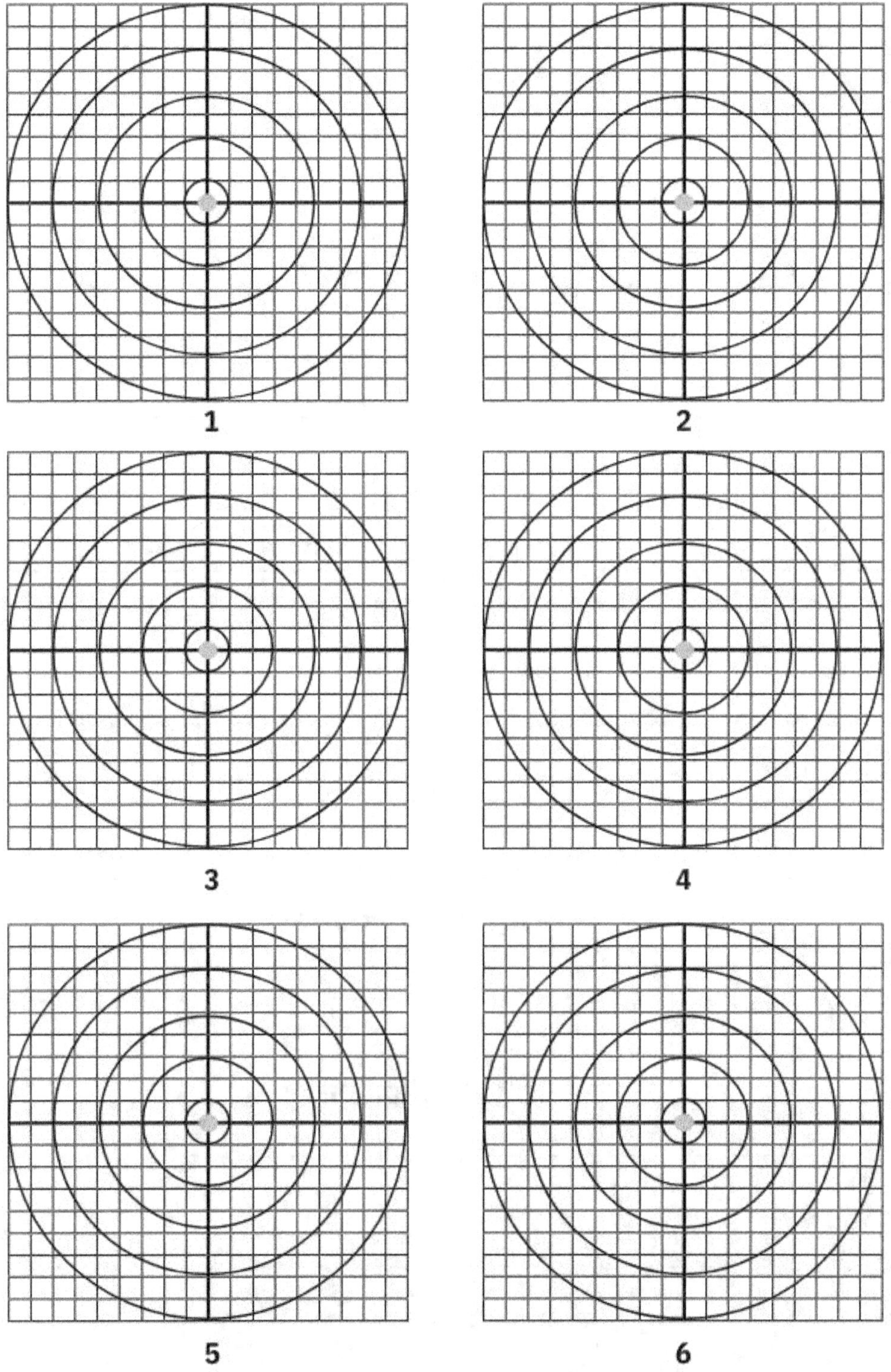

Idea de regalo ideal para principiantes y profesionales

Libro de datos de tiro deportivo

📅 Fecha: _________________________   🕐 Tiempo: _________

📍 Localización: ____

Condiciones climatológicas

☐　　☐　　☐　　☐　　☐　　☐　　🚩 _____　　🌡 _____

Arma de fuego:	
Bullet:	Profundidad de asiento:
Polvo:	Granos:
Primer:	
Latón:	
Distancia:	

Resultados generales

☐ pobre　　　☐ justo　　　☐ bien　　　☐ excelente

Notas adicionales

____

____

____

☆ ☆ ☆ ☆ ☆

Idea de regalo ideal para principiantes y profesionales

Libro de datos de tiro deportivo

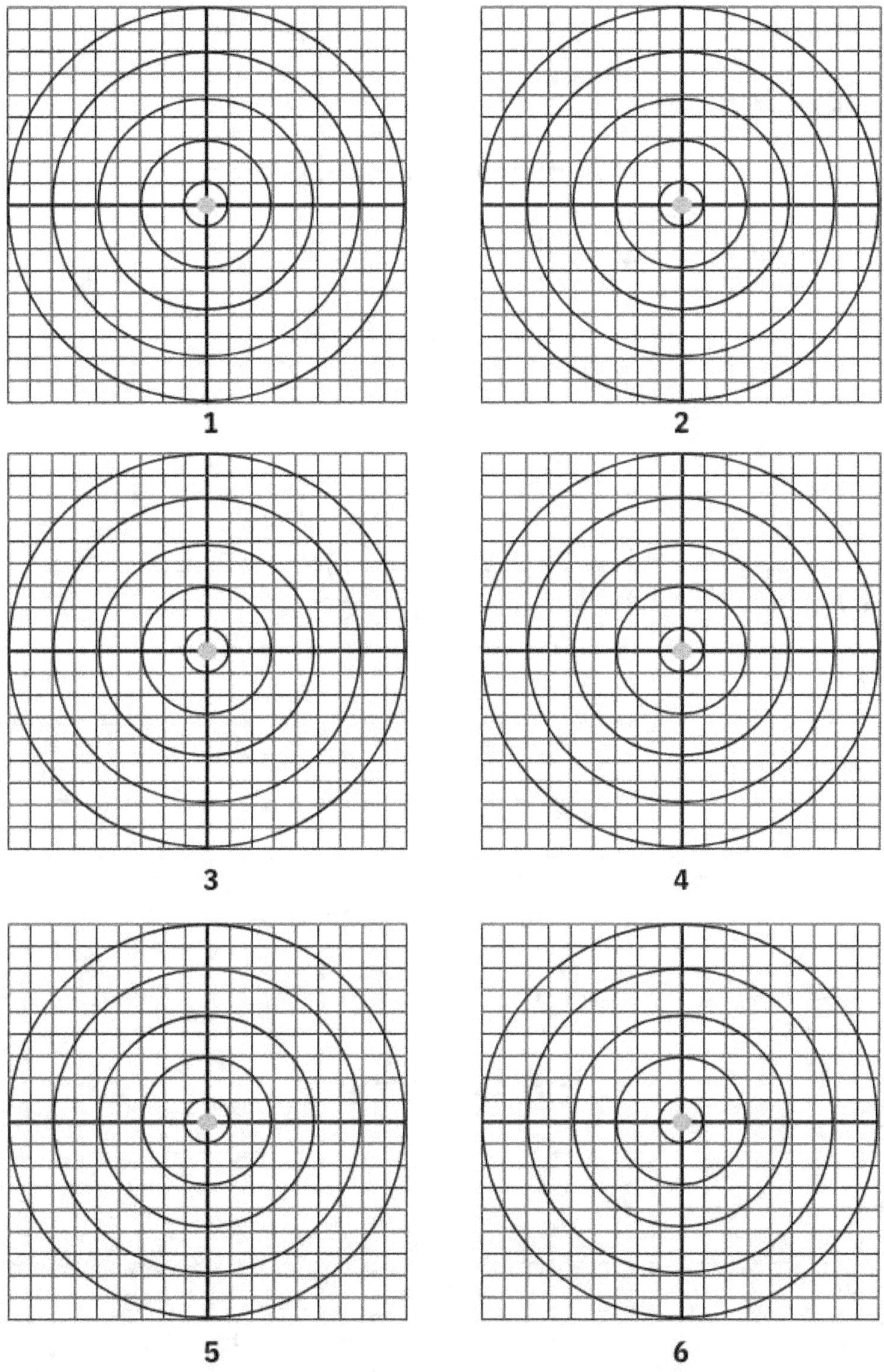

Idea de regalo ideal para principiantes y profesionales

Libro de datos de tiro deportivo

📅 Fecha: _________________________   🕐 Tiempo: __________

📍 Localización: _________________________________

Condiciones climatológicas

☐   ☐   ☐   ☐   ☐   ☐   _______   _______

Arma de fuego:	
Bullet:	Profundidad de asiento:
Polvo:	Granos:
Primer:	
Latón:	
Distancia:	

Resultados generales

☐ pobre   ☐ justo   ☐ bien   ☐ excelente

Notas adicionales

____

____

____

☆ ☆ ☆ ☆ ☆

Idea de regalo ideal para principiantes y profesionales

Libro de datos de tiro deportivo

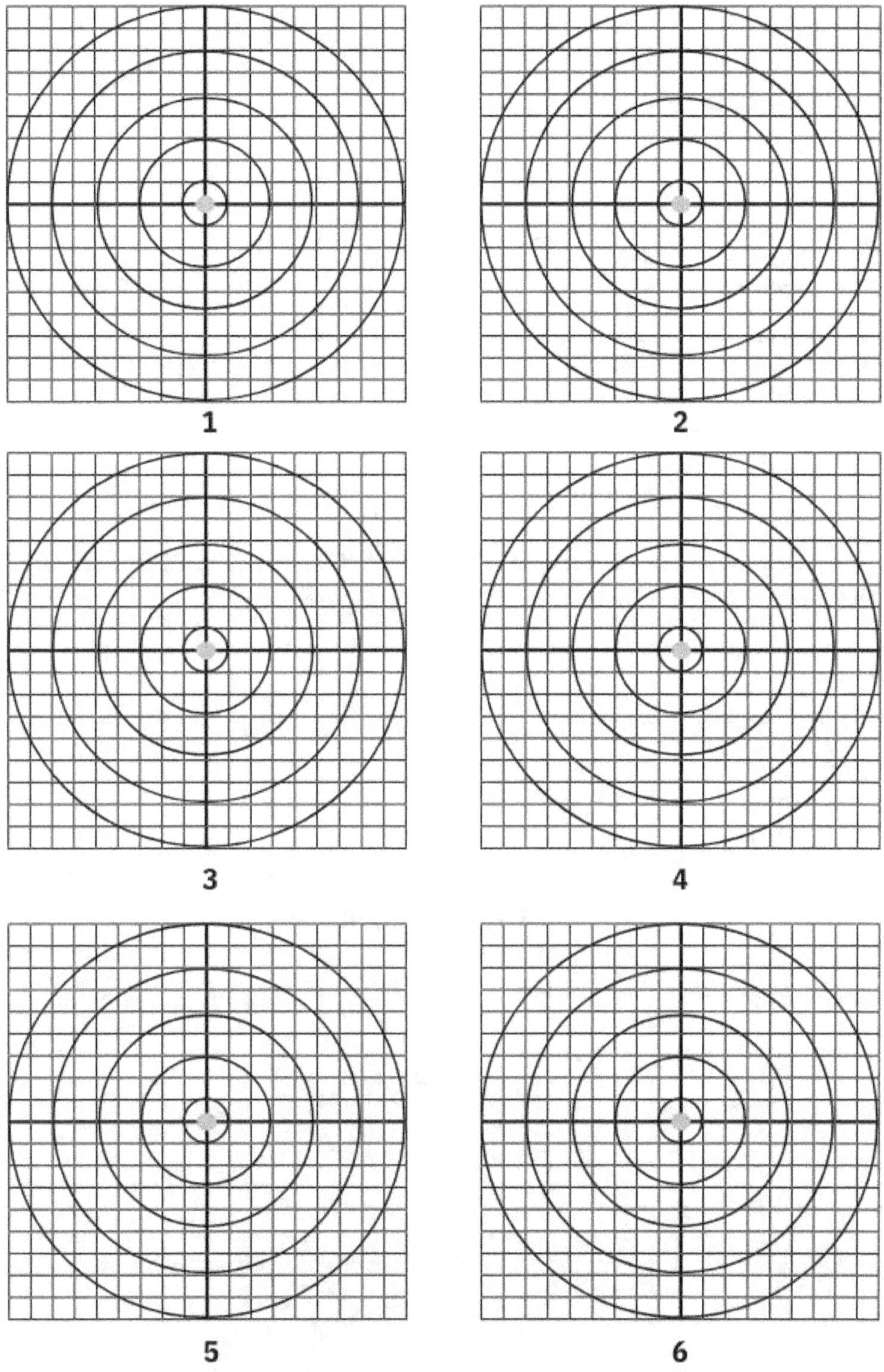

Idea de regalo ideal para principiantes y profesionales

Libro de datos de tiro deportivo

📅 Fecha: _________________   🕐 Tiempo: _________

📍 Localización: _______________________________

Condiciones climatológicas

☐   ☐   ☐   ☐   ☐   ☐   _______   _______

Arma de fuego:	
Bullet:	Profundidad de asiento:
Polvo:	Granos:
Primer:	
Latón:	
Distancia:	

Resultados generales

☐ pobre   ☐ justo   ☐ bien   ☐ excelente

Notas adicionales

____

____

____

☆ ☆ ☆ ☆ ☆

Idea de regalo ideal para principiantes y profesionales

Libro de datos de tiro deportivo

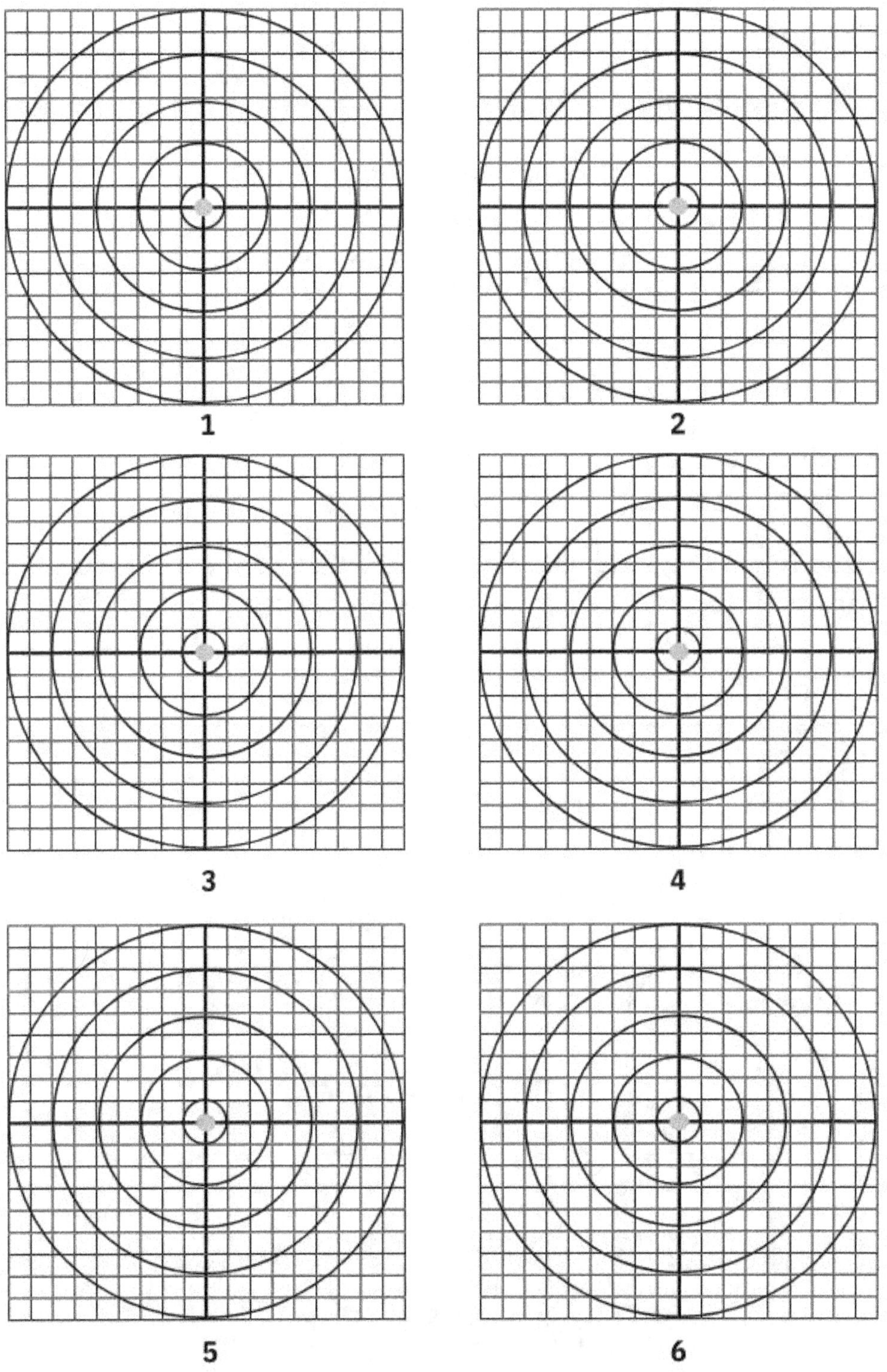

Idea de regalo ideal para principiantes y profesionales

Libro de datos de tiro deportivo

📅 Fecha: _______________________ 🕐 Tiempo: _________

📍 Localización: ____

Condiciones climatológicas

☐ ☐ ☐ ☐ ☐ ☐ _______ _______

Arma de fuego:	
Bullet:	Profundidad de asiento:
Polvo:	Granos:
Primer:	
Latón:	
Distancia:	

Resultados generales

☐ pobre ☐ justo ☐ bien ☐ excelente

Notas adicionales

____

____

____

☆ ☆ ☆ ☆ ☆

Idea de regalo ideal para principiantes y profesionales

Libro de datos de tiro deportivo

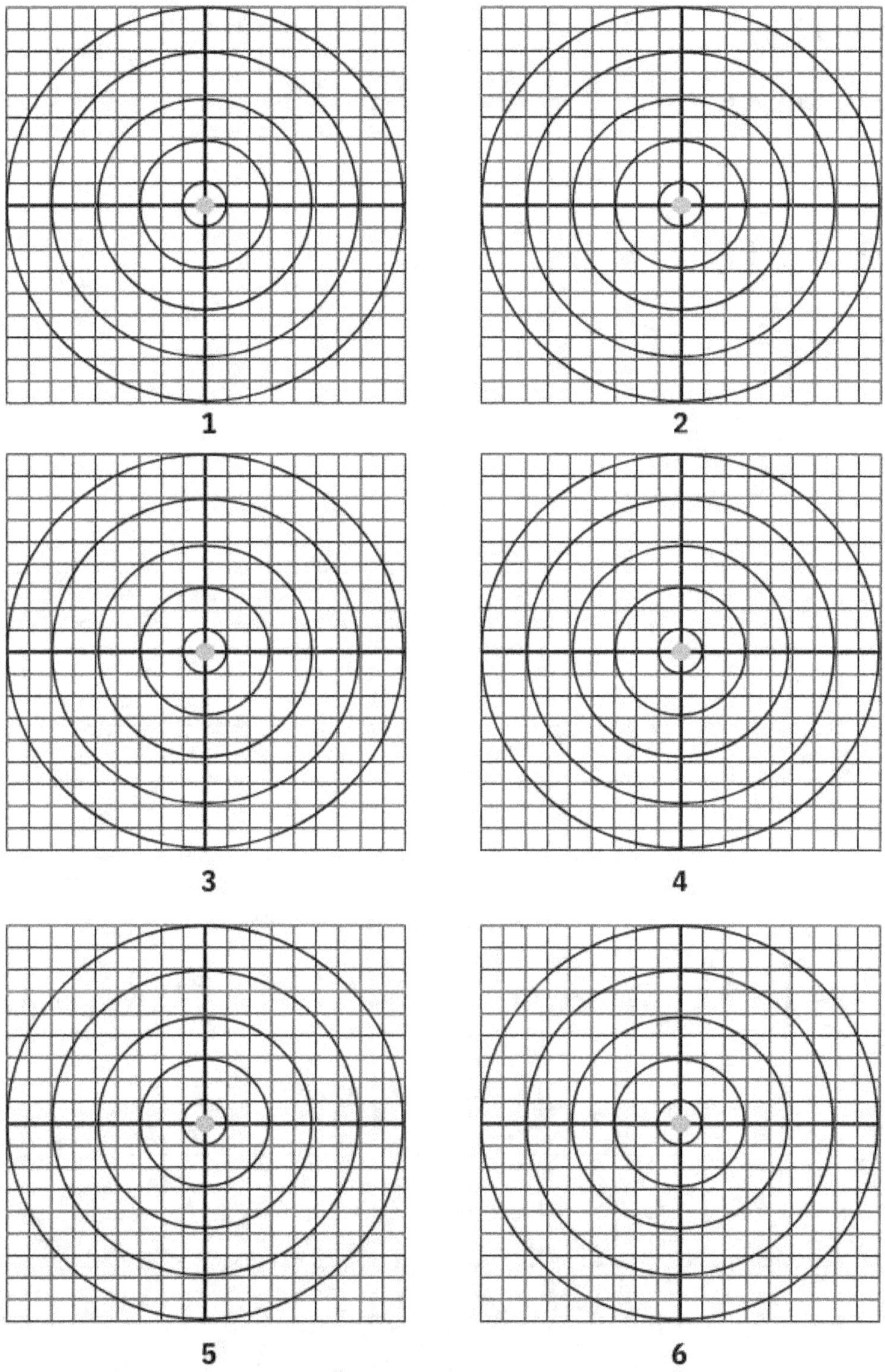

Idea de regalo ideal para principiantes y profesionales

Libro de datos de tiro deportivo

📅 Fecha: _______________________   🕐 Tiempo: __________

📍 Localización: _________________________________

Condiciones climatológicas

☐ ☐ ☐ ☐ ☐ ☐ ⚑ _______ 🌡 _______

Arma de fuego:	
Bullet:	Profundidad de asiento:
Polvo:	Granos:
Primer:	
Latón:	
Distancia:	

Resultados generales

☐ pobre   ☐ justo   ☐ bien   ☐ excelente

Notas adicionales

____

____

____

☆ ☆ ☆ ☆ ☆

Idea de regalo ideal para principiantes y profesionales

Libro de datos de tiro deportivo

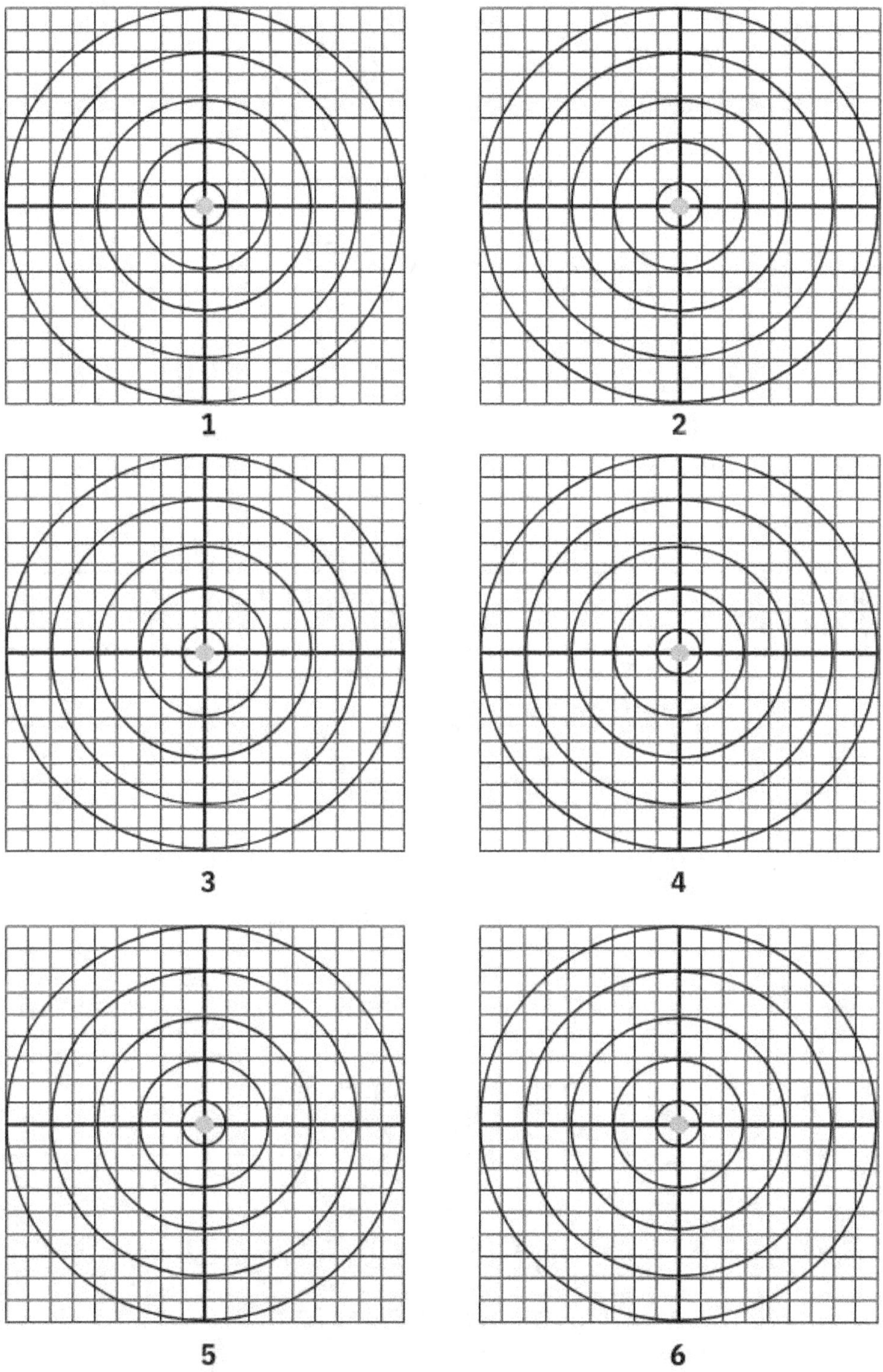

Idea de regalo ideal para principiantes y profesionales

Libro de datos de tiro deportivo

📅 Fecha: _________________________ 🕐 Tiempo: _________

📍 Localización: ____

Condiciones climatológicas

☐   ☐   ☐   ☐   ☐   ☐   _________ |

Arma de fuego:	
Bullet:	Profundidad de asiento:
Polvo:	Granos:
Primer:	
Latón:	
Distancia:	

Resultados generales

☐ pobre   ☐ justo   ☐ bien   ☐ excelente

Notas adicionales

____

____

____

☆ ☆ ☆ ☆ ☆

Idea de regalo ideal para principiantes y profesionales

Libro de datos de tiro deportivo

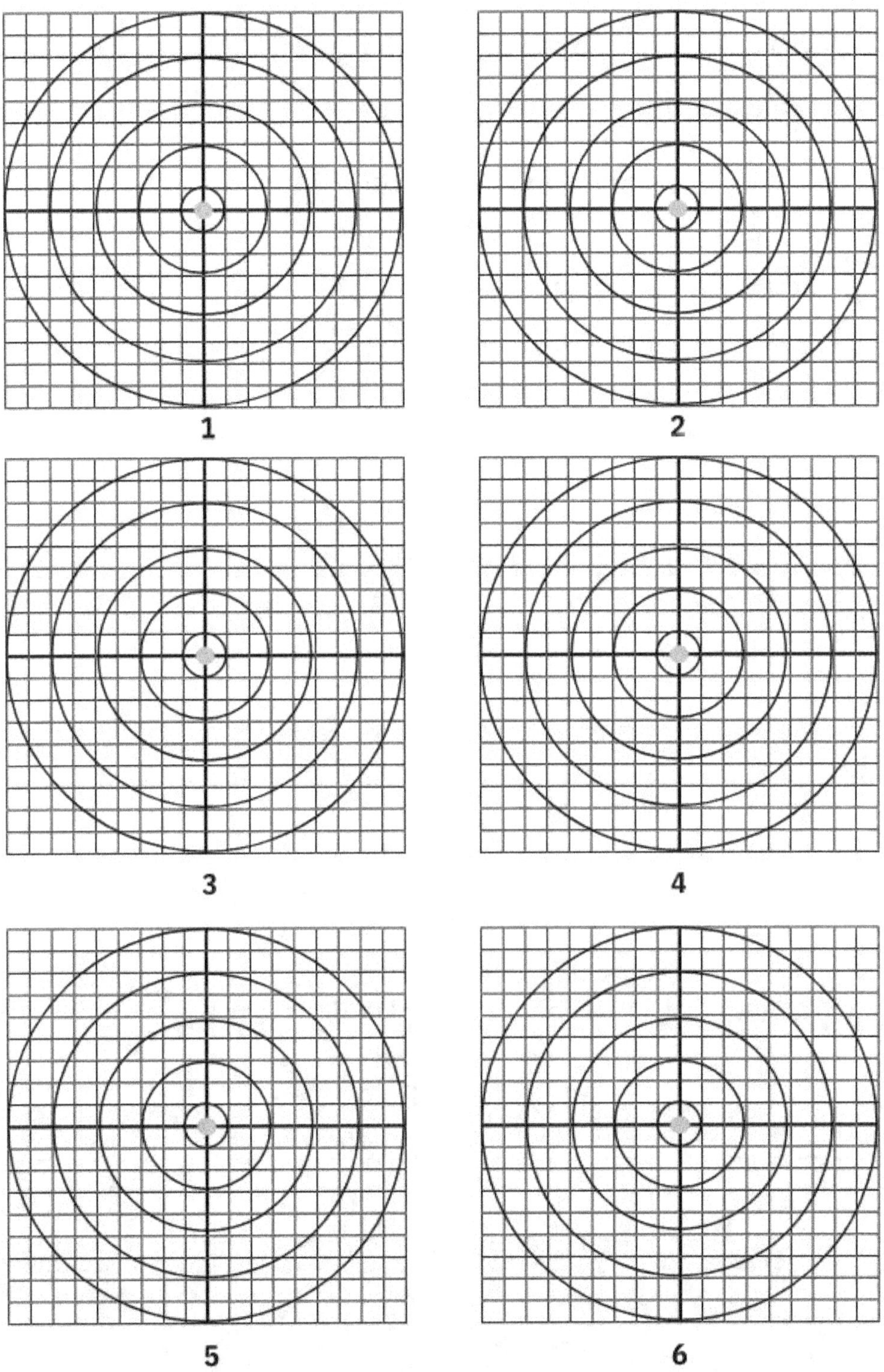

Idea de regalo ideal para principiantes y profesionales

Libro de datos de tiro deportivo

📅 Fecha: _____________________ 🕐 Tiempo: _________

📍 Localización: ____________________________________

Condiciones climatológicas

☐   ☐   ☐   ☐   ☐   ☐   🚩 ______   🌡 ______

Arma de fuego:	
Bullet:	Profundidad de asiento:
Polvo:	Granos:
Primer:	
Latón:	
Distancia:	

Resultados generales

☐ pobre   ☐ justo   ☐ bien   ☐ excelente

Notas adicionales

____

____

____

☆ ☆ ☆ ☆ ☆

Idea de regalo ideal para principiantes y profesionales

Libro de datos de tiro deportivo

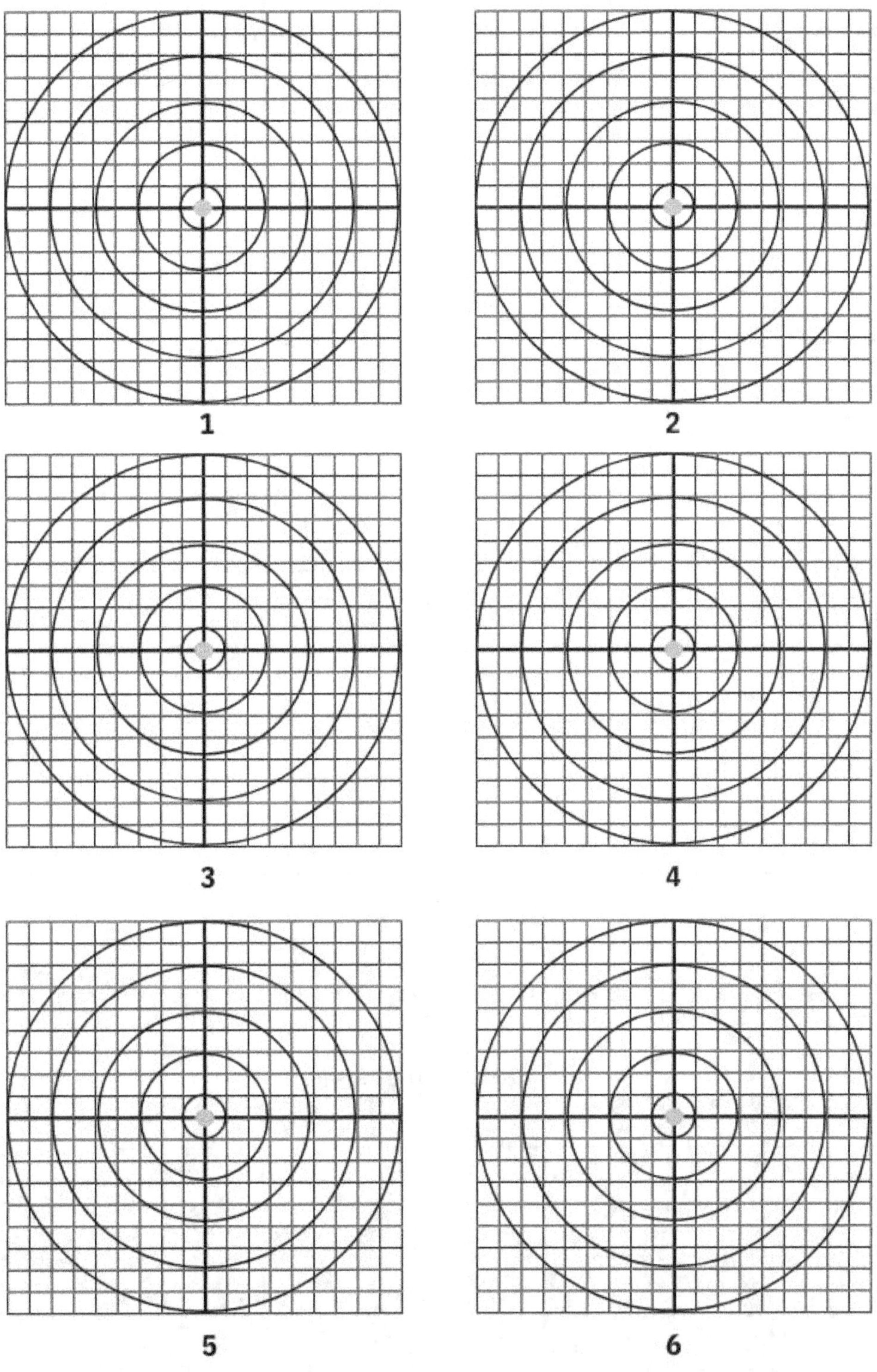

Idea de regalo ideal para principiantes y profesionales

Libro de datos de tiro deportivo

📅 Fecha: _________________   🕐 Tiempo: _________

📍 Localización: _______________________________

Condiciones climatológicas

☐ ☐ ☐ ☐ ☐ ☐ ______ ______

Arma de fuego:	
Bullet:	Profundidad de asiento:
Polvo:	Granos:
Primer:	
Latón:	
Distancia:	

Resultados generales

☐ pobre   ☐ justo   ☐ bien   ☐ excelente

Notas adicionales

____

____

____

Idea de regalo ideal para principiantes y profesionales

Libro de datos de tiro deportivo

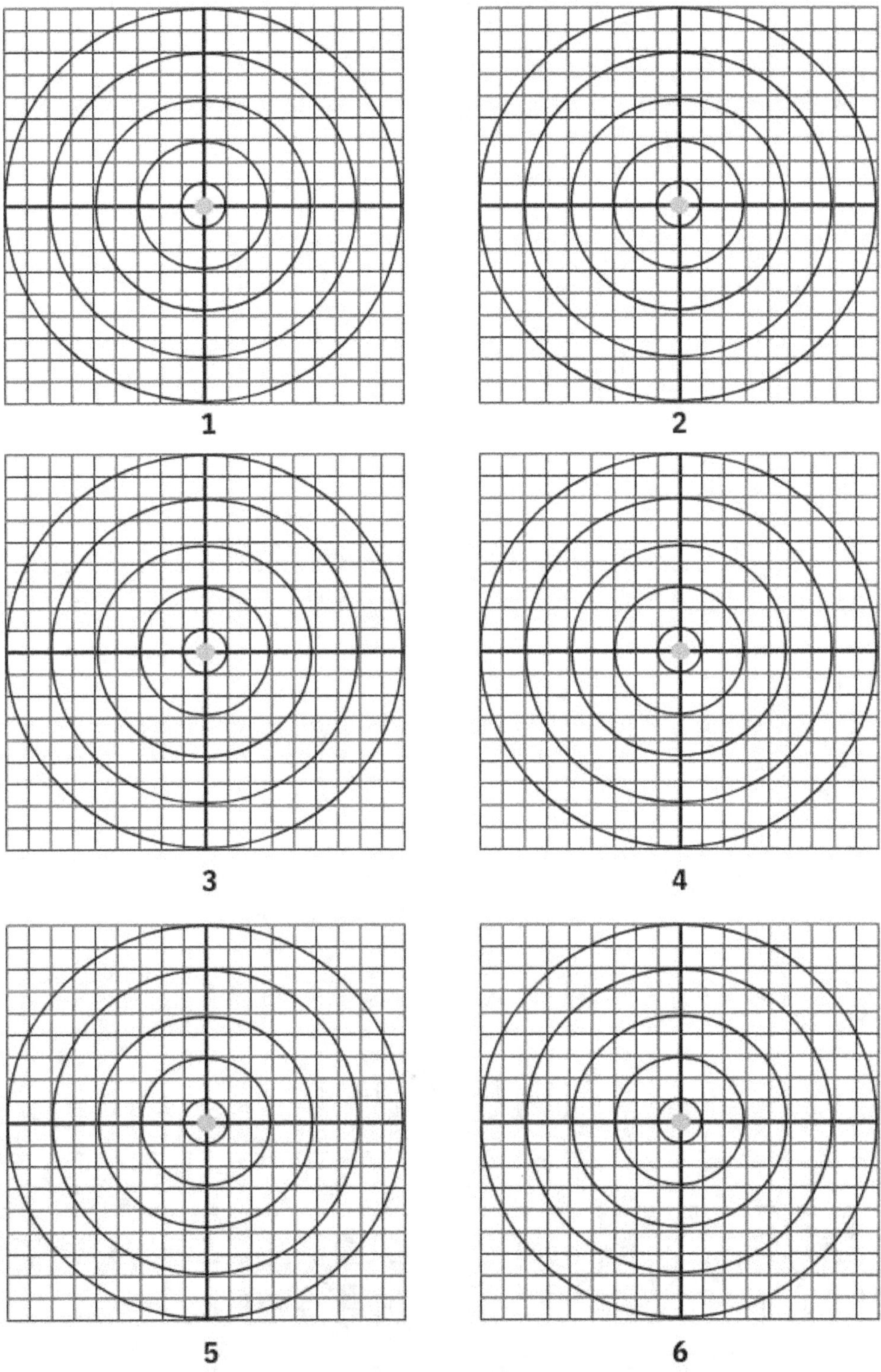

Idea de regalo ideal para principiantes y profesionales

Libro de datos de tiro deportivo

📅 Fecha: _________________________   🕐 Tiempo: _________

📍 Localización: _______________________________________

Condiciones climatológicas

☐   ☐   ☐   ☐   ☐   ☐   _______   _______

Arma de fuego:	
Bullet:	Profundidad de asiento:
Polvo:	Granos:
Primer:	
Latón:	
Distancia:	

Resultados generales

☐ pobre   ☐ justo   ☐ bien   ☐ excelente

Notas adicionales

____

____

____

☆ ☆ ☆ ☆ ☆

Idea de regalo ideal para principiantes y profesionales

Libro de datos de tiro deportivo

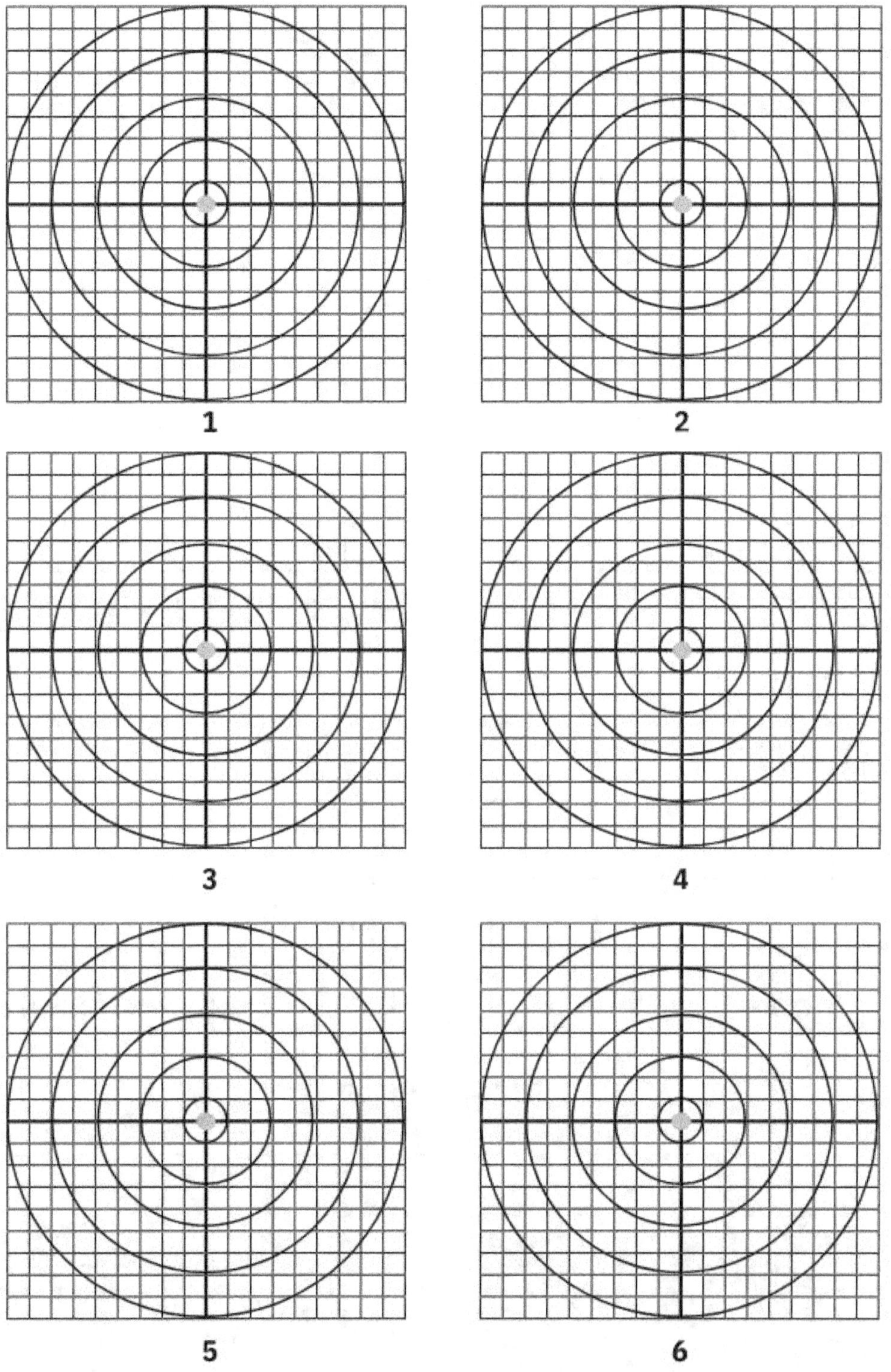

Idea de regalo ideal para principiantes y profesionales

Libro de datos de tiro deportivo

📅 Fecha: _________________________   🕐 Tiempo: _________

📍 Localización: ____

Condiciones climatológicas

☐   ☐   ☐   ☐   ☐   ☐   ___   ___

Arma de fuego:	
Bullet:	Profundidad de asiento:
Polvo:	Granos:
Primer:	
Latón:	
Distancia:	

Resultados generales

☐ pobre   ☐ justo   ☐ bien   ☐ excelente

Notas adicionales

____

____

____

☆ ☆ ☆ ☆ ☆

Idea de regalo ideal para principiantes y profesionales

Libro de datos de tiro deportivo

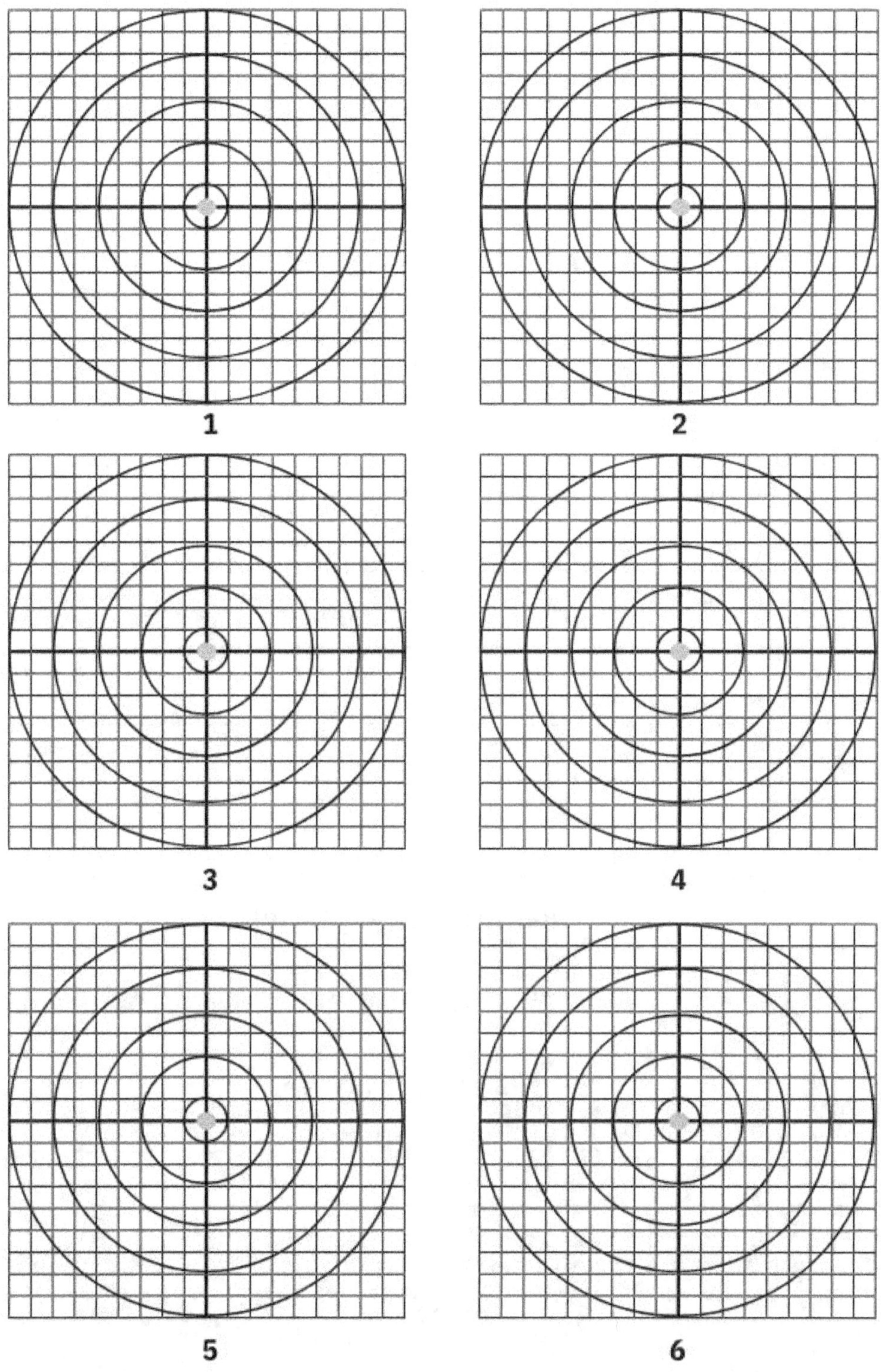

Idea de regalo ideal para principiantes y profesionales

Libro de datos de tiro deportivo

📅 Fecha: _________________________ 🕐 Tiempo: _________

📍 Localización: _________________________________

Condiciones climatológicas

Arma de fuego:	
Bullet:	Profundidad de asiento:
Polvo:	Granos:
Primer:	
Latón:	
Distancia:	

Resultados generales

☐ pobre   ☐ justo   ☐ bien   ☐ excelente

Notas adicionales

____

____

____

☆ ☆ ☆ ☆ ☆

Idea de regalo ideal para principiantes y profesionales

Libro de datos de tiro deportivo

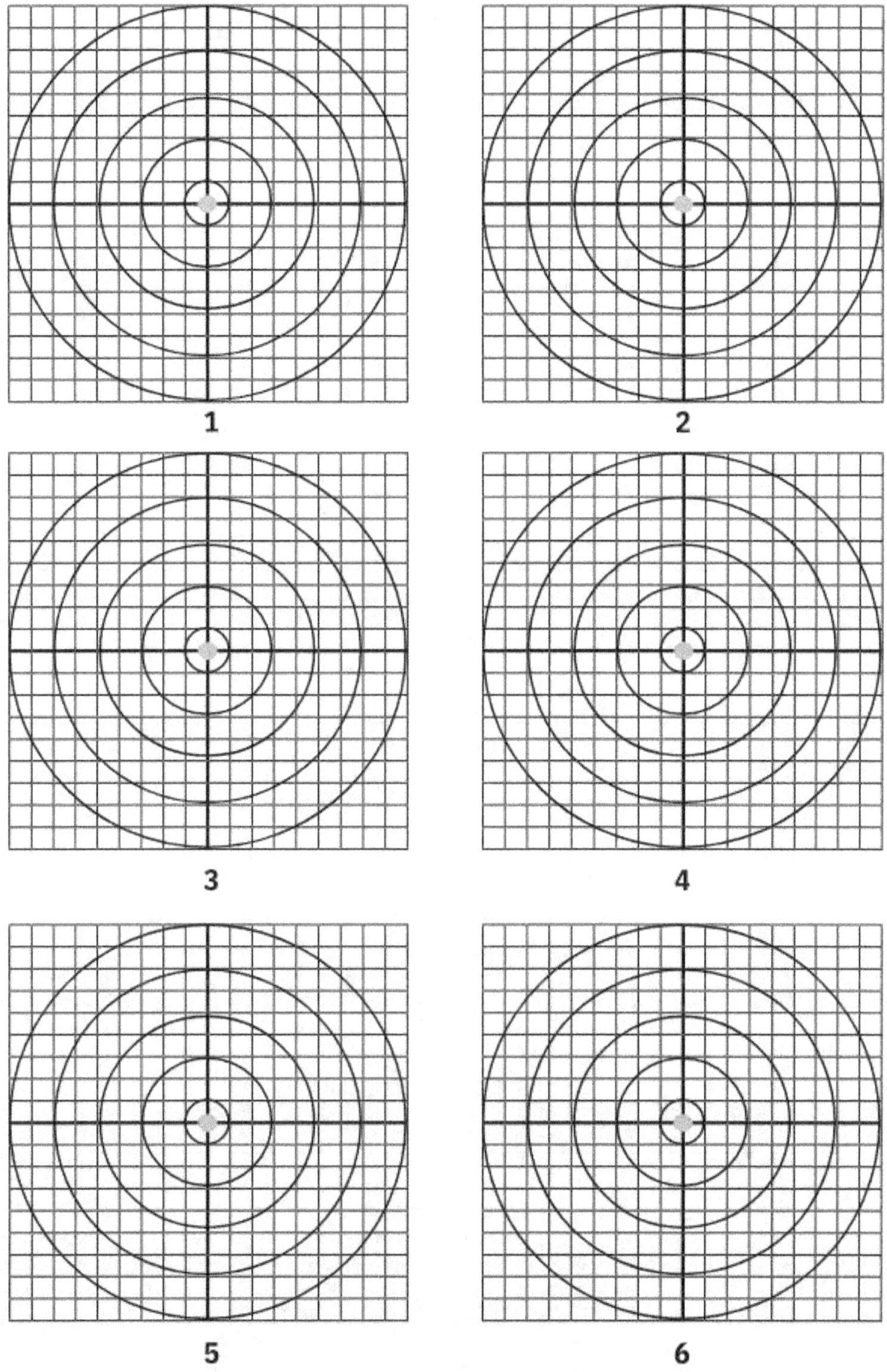

Idea de regalo ideal para principiantes y profesionales

Libro de datos de tiro deportivo

📅 Fecha: _________________ 🕐 Tiempo: _________

📍 Localización: _________________________________

Condiciones climatológicas

☐ ☐ ☐ ☐ ☐ ☐ _____ _____

Arma de fuego:	
Bullet:	Profundidad de asiento:
Polvo:	Granos:
Primer:	
Latón:	
Distancia:	

Resultados generales

☐ pobre ☐ justo ☐ bien ☐ excelente

Notas adicionales

____

____

____

☆ ☆ ☆ ☆ ☆

Idea de regalo ideal para principiantes y profesionales

Libro de datos de tiro deportivo

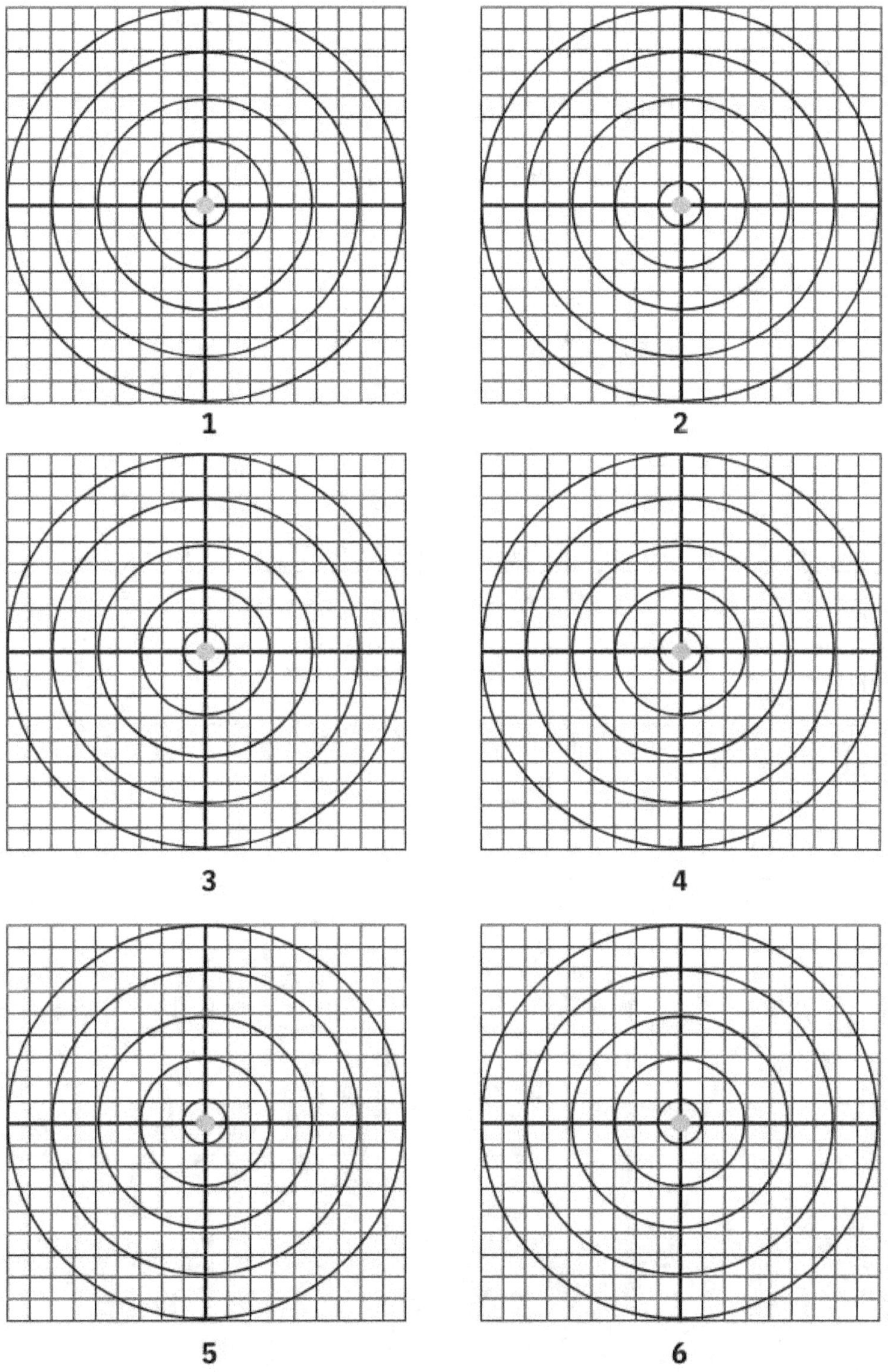

Idea de regalo ideal para principiantes y profesionales

Libro de datos de tiro deportivo

📅 Fecha: _________________   🕐 Tiempo: _________

📍 Localización: _________________________________

Condiciones climatológicas

☐ ☐ ☐ ☐ ☐ ☐ 🚩 _________ 🌡 _________

Arma de fuego:	
Bullet:	Profundidad de asiento:
Polvo:	Granos:
Primer:	
Latón:	
Distancia:	

Resultados generales

☐ pobre   ☐ justo   ☐ bien   ☐ excelente

Notas adicionales

____

____

____

☆ ☆ ☆ ☆ ☆

Idea de regalo ideal para principiantes y profesionales

Libro de datos de tiro deportivo

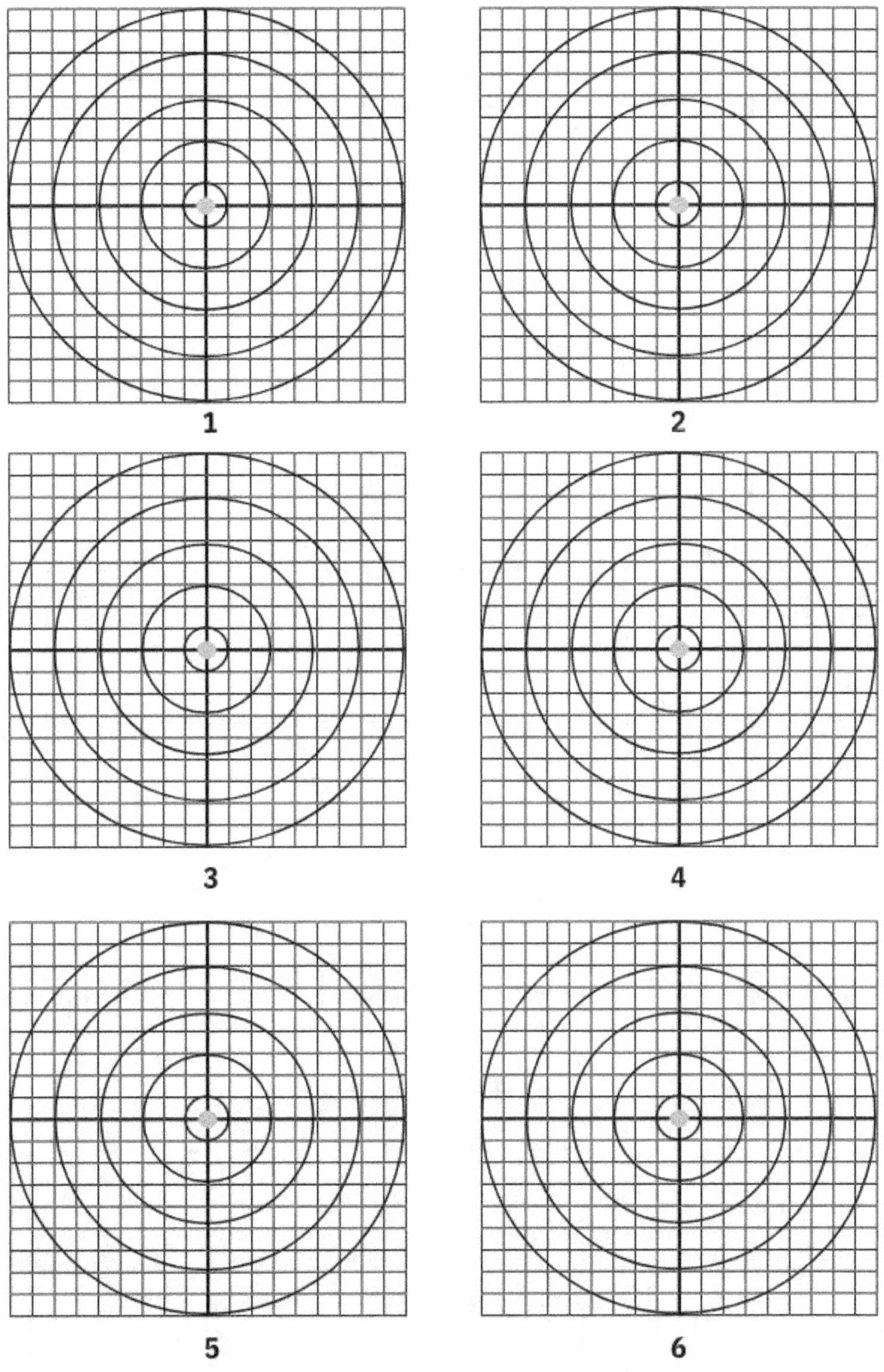

Idea de regalo ideal para principiantes y profesionales

Libro de datos de tiro deportivo

📅 Fecha: _________________ 🕐 Tiempo: _________

📍 Localización: _________________________________

Condiciones climatológicas

☀ ☐   ⛅ ☐   🌤 ☐   🌧 ☐   🌧 ☐   🌨 ☐   🚩 _______   🌡 _______

Arma de fuego:	
Bullet:	Profundidad de asiento:
Polvo:	Granos:
Primer:	
Latón:	
Distancia:	

Resultados generales

☐ pobre   ☐ justo   ☐ bien   ☐ excelente

Notas adicionales

____

____

____

☆ ☆ ☆ ☆ ☆

Idea de regalo ideal para principiantes y profesionales

Libro de datos de tiro deportivo

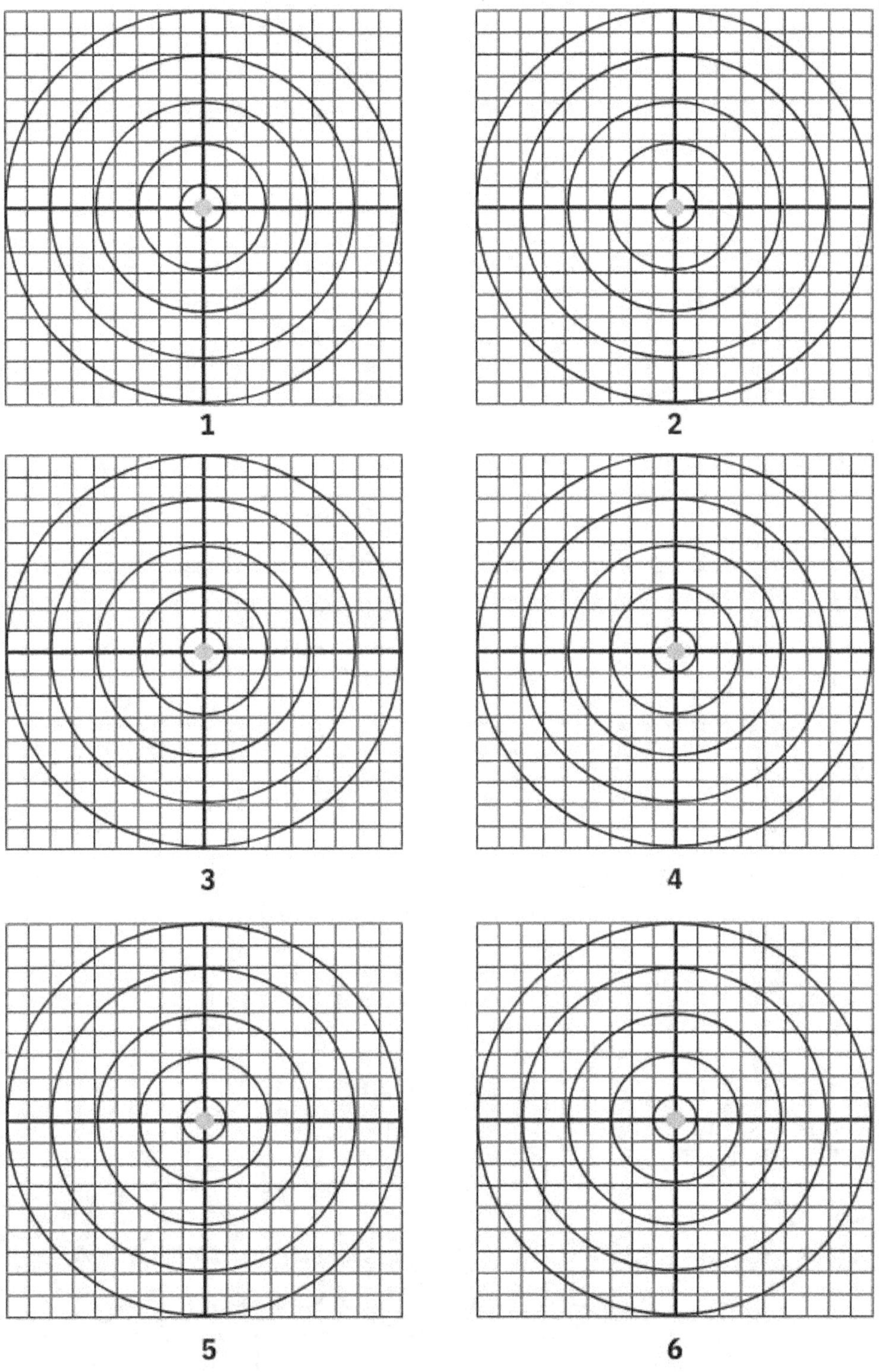

Idea de regalo ideal para principiantes y profesionales

Libro de datos de tiro deportivo

📅 Fecha: ________________ 🕐 Tiempo: ________

📍 Localización: ____________________________

Condiciones climatológicas

☀ ☐ ⛅ ☐ 🌤 ☐ 🌦 ☐ 🌧 ☐ 🌨 ☐ 🚩 ______ 🌡 ______

Arma de fuego:	
Bullet:	Profundidad de asiento:
Polvo:	Granos:
Primer:	
Latón:	
Distancia:	

Resultados generales

☐ pobre   ☐ justo   ☐ bien   ☐ excelente

Notas adicionales

____

____

____

☆ ☆ ☆ ☆ ☆

Idea de regalo ideal para principiantes y profesionales

Libro de datos de tiro deportivo

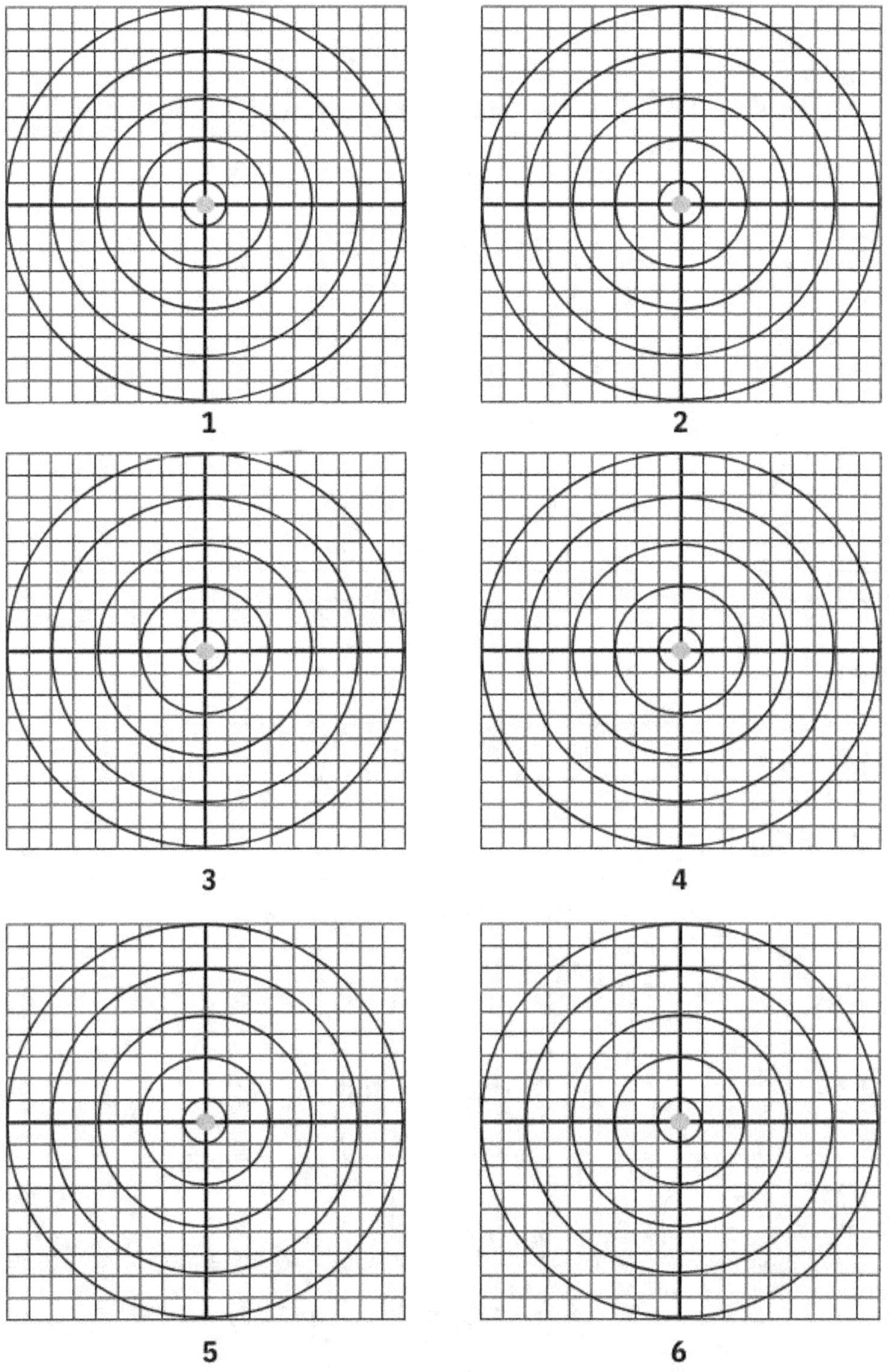

Idea de regalo ideal para principiantes y profesionales

Libro de datos de tiro deportivo

📅 Fecha: _________________________ 🕐 Tiempo: _________

📍 Localización: _________________________________

Condiciones climatológicas

☐   ☐   ☐   ☐   ☐   ☐   _______   _______

Arma de fuego:	
Bullet:	Profundidad de asiento:
Polvo:	Granos:
Primer:	
Latón:	
Distancia:	

Resultados generales

☐ pobre   ☐ justo   ☐ bien   ☐ excelente

Notas adicionales

____

____

Idea de regalo ideal para principiantes y profesionales

Libro de datos de tiro deportivo

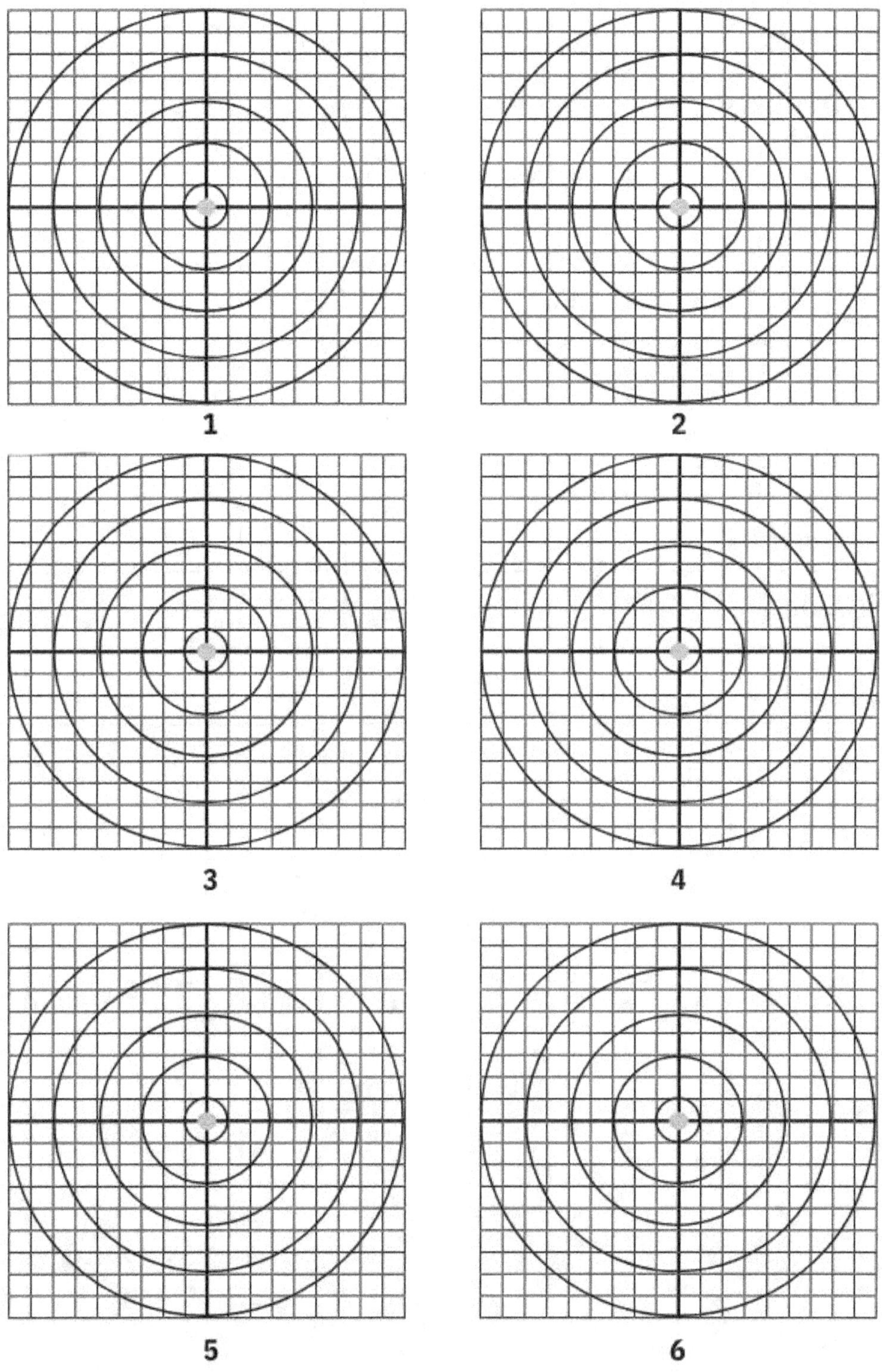

Idea de regalo ideal para principiantes y profesionales

Libro de datos de tiro deportivo

📅 Fecha: ___________________   🕐 Tiempo: _________

📍 Localización: _________________________________

Condiciones climatológicas

☐   ☐   ☐   ☐   ☐   ☐   🚩 _______   🌡 _______

Arma de fuego:	
Bullet:	Profundidad de asiento:
Polvo:	Granos:
Primer:	
Latón:	
Distancia:	

Resultados generales

☐ pobre   ☐ justo   ☐ bien   ☐ excelente

Notas adicionales

____

____

____

☆ ☆ ☆ ☆ ☆

Idea de regalo ideal para principiantes y profesionales

Libro de datos de tiro deportivo

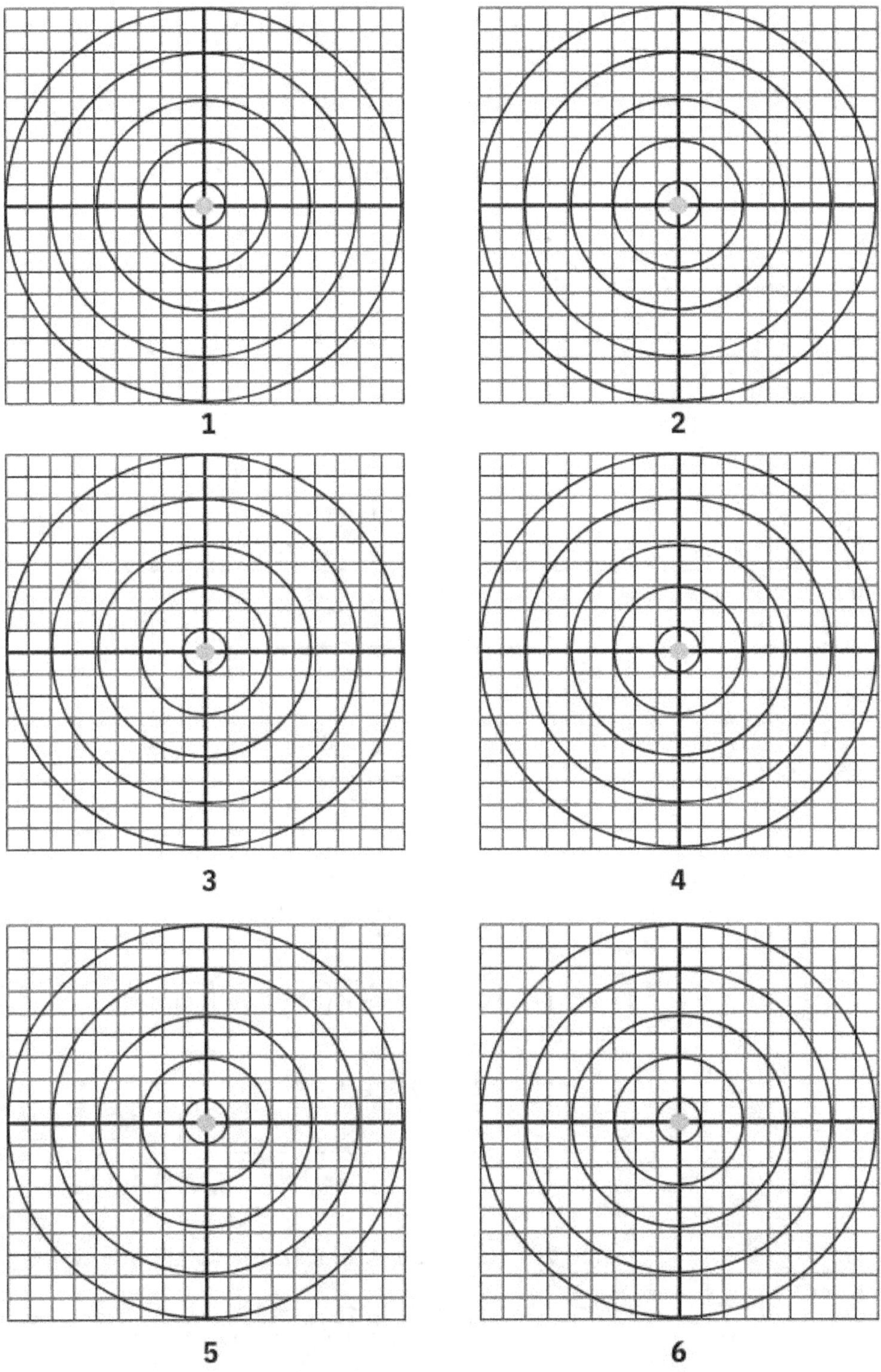

Idea de regalo ideal para principiantes y profesionales

Libro de datos de tiro deportivo

📅 Fecha: _______________________   🕐 Tiempo: _________

📍 Localización: _______________________________

Condiciones climatológicas

☐   ☐   ☐   ☐   ☐   ☐   🚩 _______   🌡 _______

Arma de fuego:	
Bullet:	Profundidad de asiento:
Polvo:	Granos:
Primer:	
Latón:	
Distancia:	

Resultados generales

☐ pobre   ☐ justo   ☐ bien   ☐ excelente

Notas adicionales

____

____

____

☆ ☆ ☆ ☆ ☆

Idea de regalo ideal para principiantes y profesionales

Libro de datos de tiro deportivo

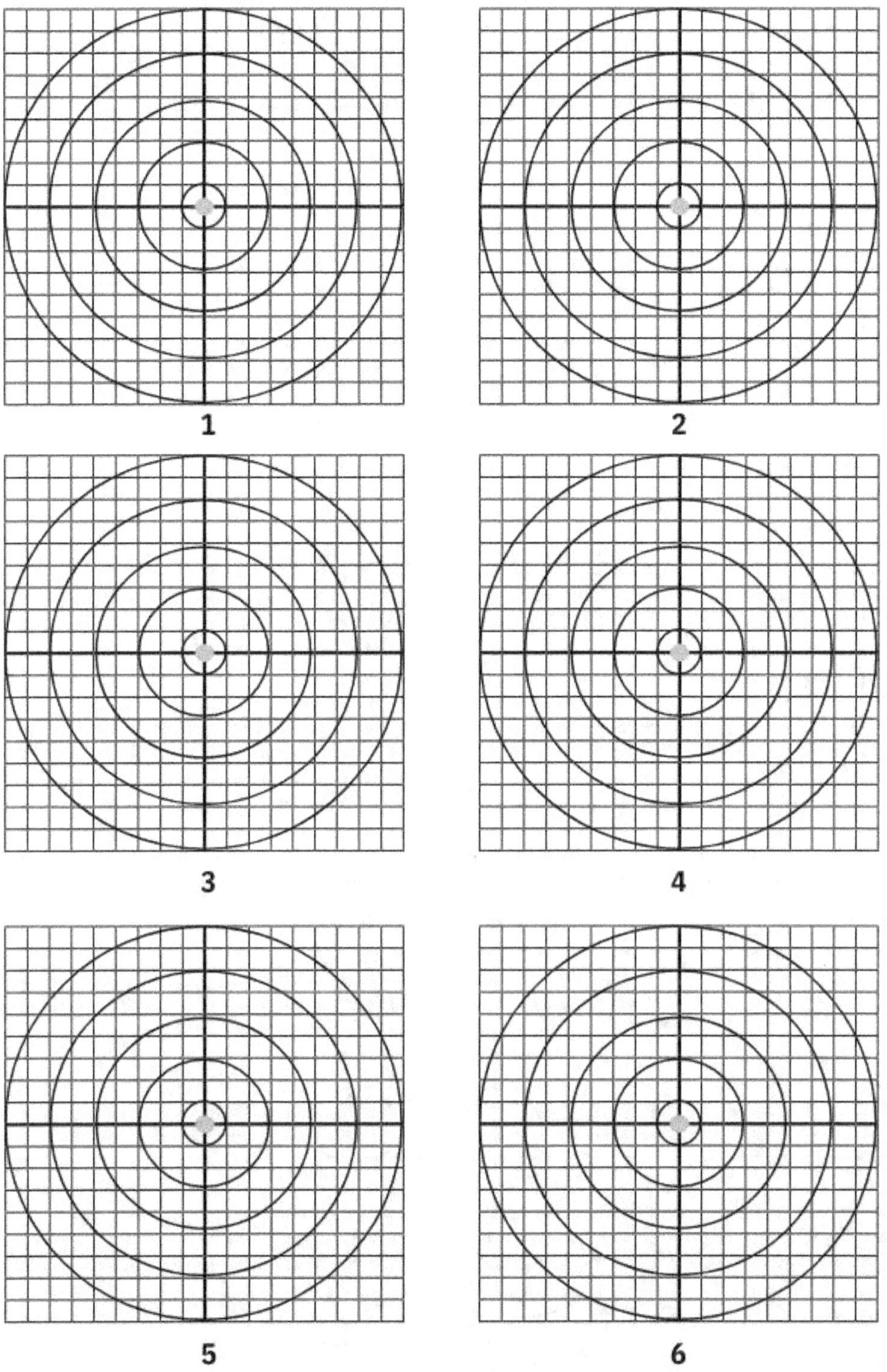

Idea de regalo ideal para principiantes y profesionales

Libro de datos de tiro deportivo

📅 Fecha: _________________________ 🕐 Tiempo: __________

📍 Localización: ____

Condiciones climatológicas

☐   ☐   ☐   ☐   ☐   ☐   _______   _______

Arma de fuego:	
Bullet:	Profundidad de asiento:
Polvo:	Granos:
Primer:	
Latón:	
Distancia:	

Resultados generales

☐ pobre   ☐ justo   ☐ bien   ☐ excelente

Notas adicionales

____

____

____

☆ ☆ ☆ ☆ ☆

Idea de regalo ideal para principiantes y profesionales

Libro de datos de tiro deportivo

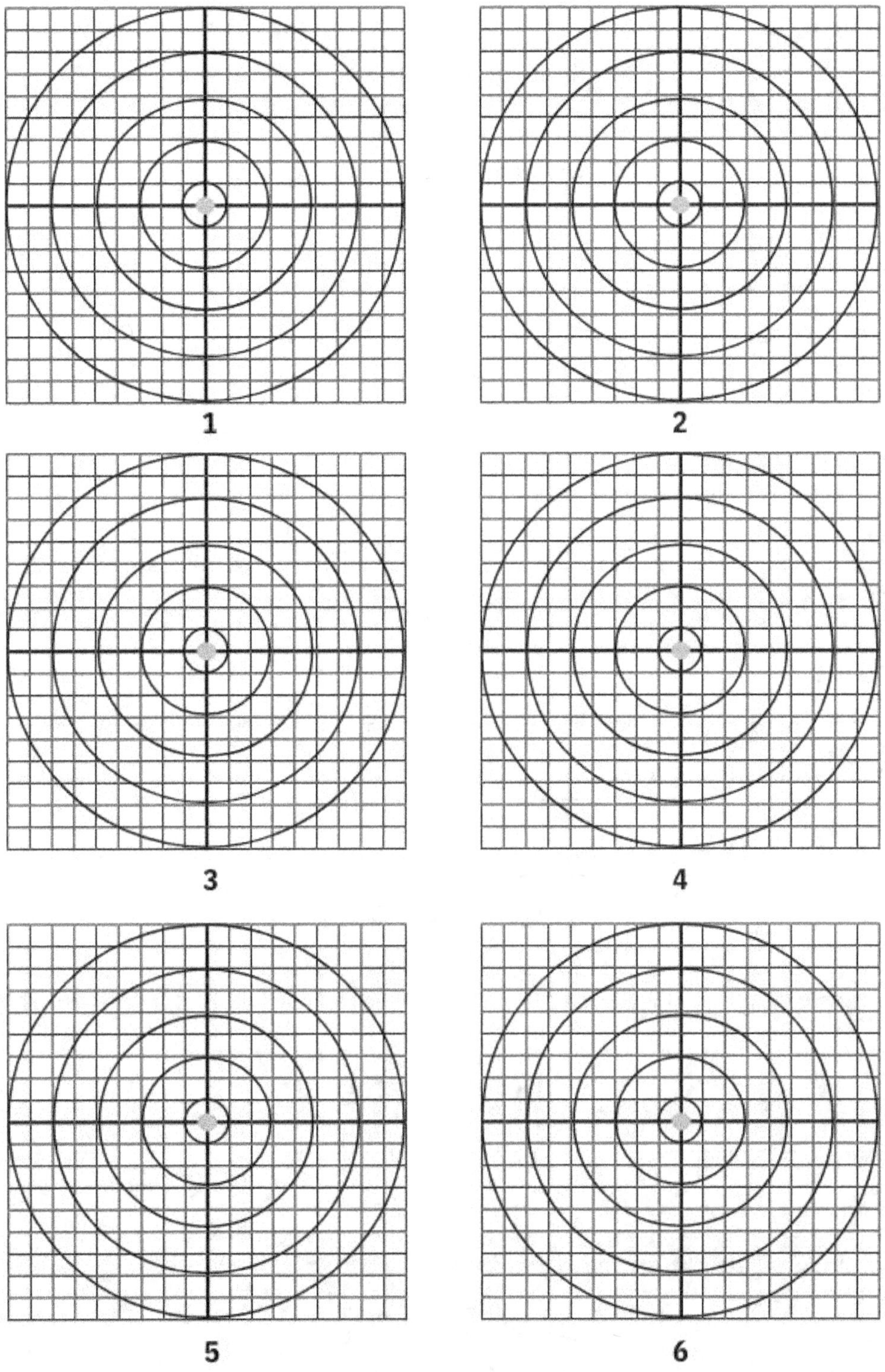

Idea de regalo ideal para principiantes y profesionales

Libro de datos de tiro deportivo

📅 Fecha: _________________   🕐 Tiempo: _________

📍 Localización: _________________________

Condiciones climatológicas

☐   ☐   ☐   ☐   ☐   ☐   _______   _______

Arma de fuego:	
Bullet:	Profundidad de asiento:
Polvo:	Granos:
Primer:	
Latón:	
Distancia:	

Resultados generales

☐ pobre   ☐ justo   ☐ bien   ☐ excelente

Notas adicionales

____

____

____

☆ ☆ ☆ ☆ ☆

Idea de regalo ideal para principiantes y profesionales

Libro de datos de tiro deportivo

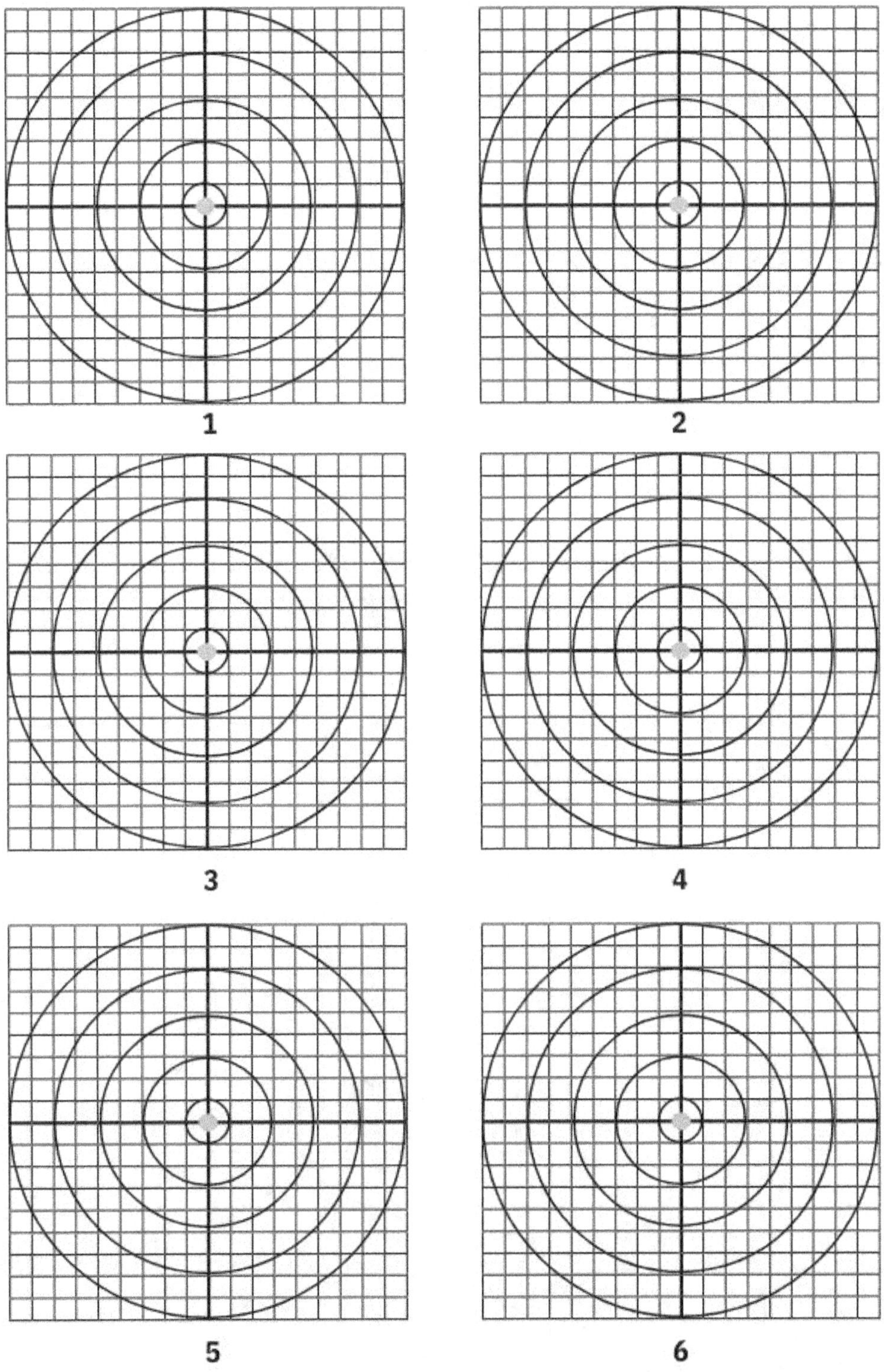

Idea de regalo ideal para principiantes y profesionales

Libro de datos de tiro deportivo

📅 Fecha: _________________________   🕐 Tiempo: _________

📍 Localización: _______________________________

Condiciones climatológicas

☐   ☐   ☐   ☐   ☐   ☐   ⚑ _____   🌡 _____

Arma de fuego:	
Bullet:	Profundidad de asiento:
Polvo:	Granos:
Primer:	
Latón:	
Distancia:	

Resultados generales

☐ pobre   ☐ justo   ☐ bien   ☐ excelente

Notas adicionales

____

____

____

☆ ☆ ☆ ☆ ☆

Idea de regalo ideal para principiantes y profesionales

Libro de datos de tiro deportivo

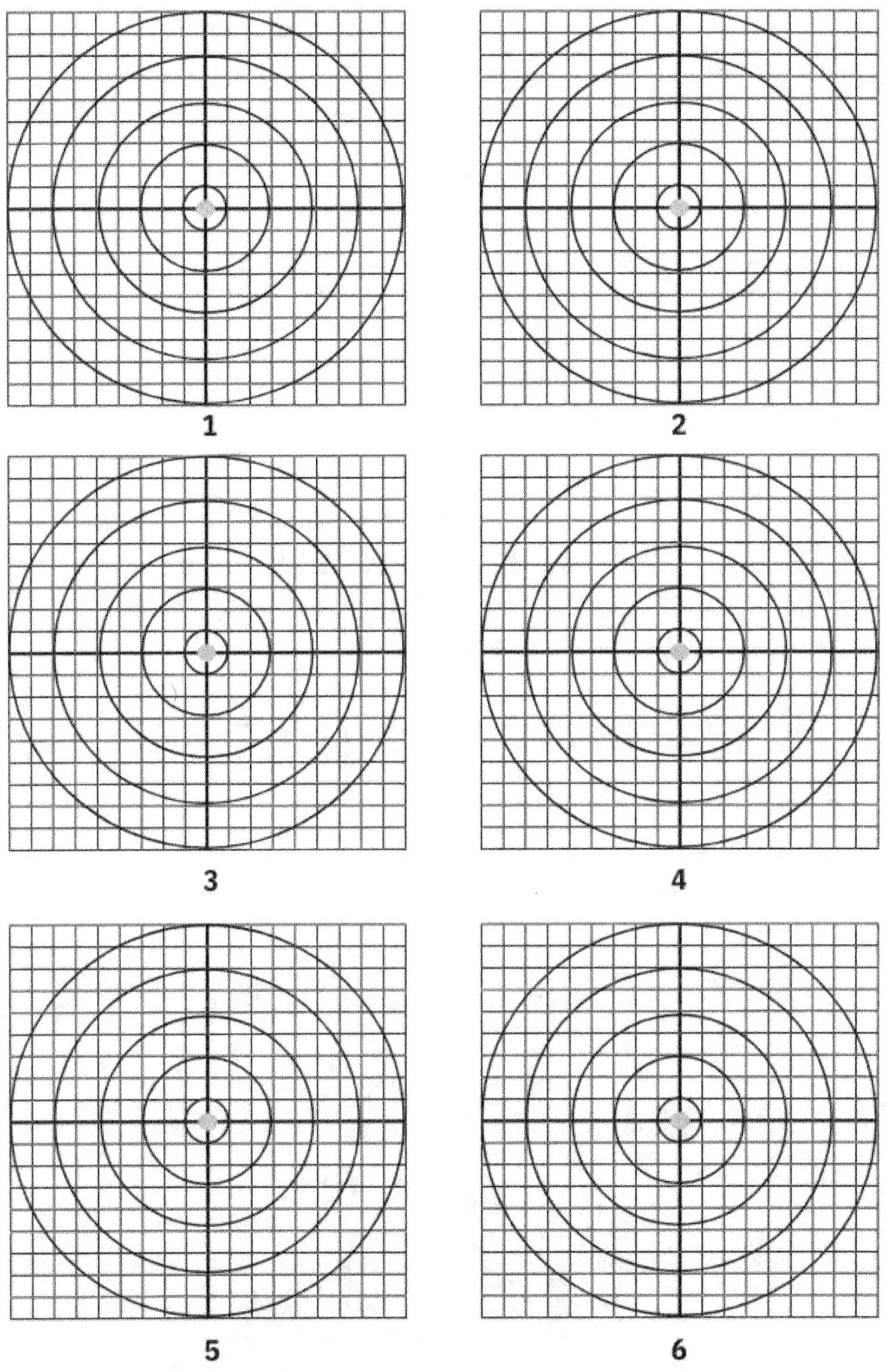

Idea de regalo ideal para principiantes y profesionales

Libro de datos de tiro deportivo

📅 Fecha: _________________   🕐 Tiempo: _________

📍 Localización: _______________________________

Condiciones climatológicas

☐   ☐   ☐   ☐   ☐   ☐

Arma de fuego:	
Bullet:	Profundidad de asiento:
Polvo:	Granos:
Primer:	
Latón:	
Distancia:	

Resultados generales

☐ pobre   ☐ justo   ☐ bien   ☐ excelente

Notas adicionales

____

____

____

☆ ☆ ☆ ☆ ☆

Idea de regalo ideal para principiantes y profesionales

Libro de datos de tiro deportivo

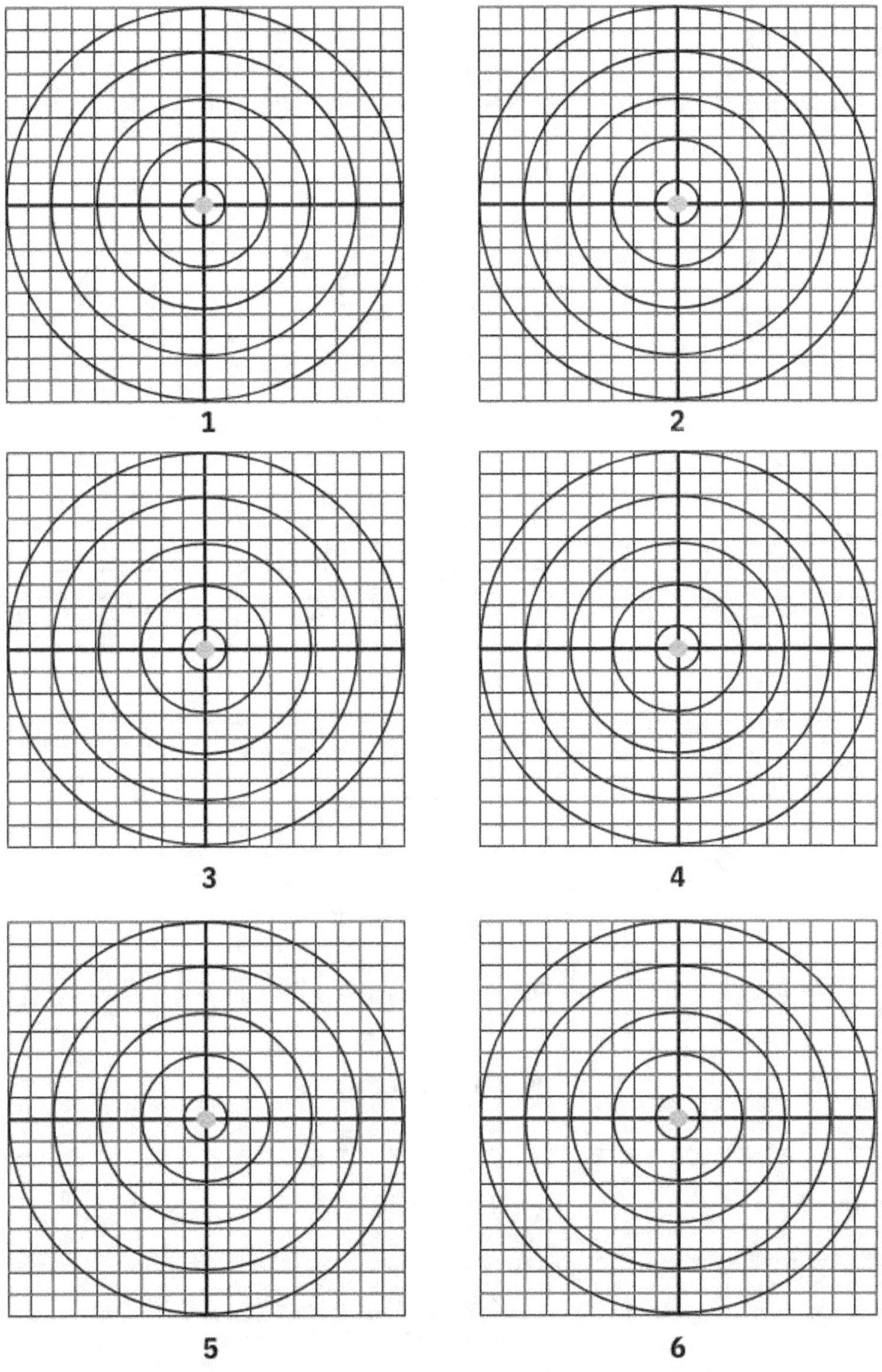

Idea de regalo ideal para principiantes y profesionales

Libro de datos de tiro deportivo

📅 Fecha: _________________ 🕐 Tiempo: _________

📍 Localización: _____________________________

Condiciones climatológicas

Arma de fuego:	
Bullet:	Profundidad de asiento:
Polvo:	Granos:
Primer:	
Latón:	
Distancia:	

Resultados generales

☐ pobre   ☐ justo   ☐ bien   ☐ excelente

Notas adicionales

____

____

____

☆ ☆ ☆ ☆ ☆

Idea de regalo ideal para principiantes y profesionales

Libro de datos de tiro deportivo

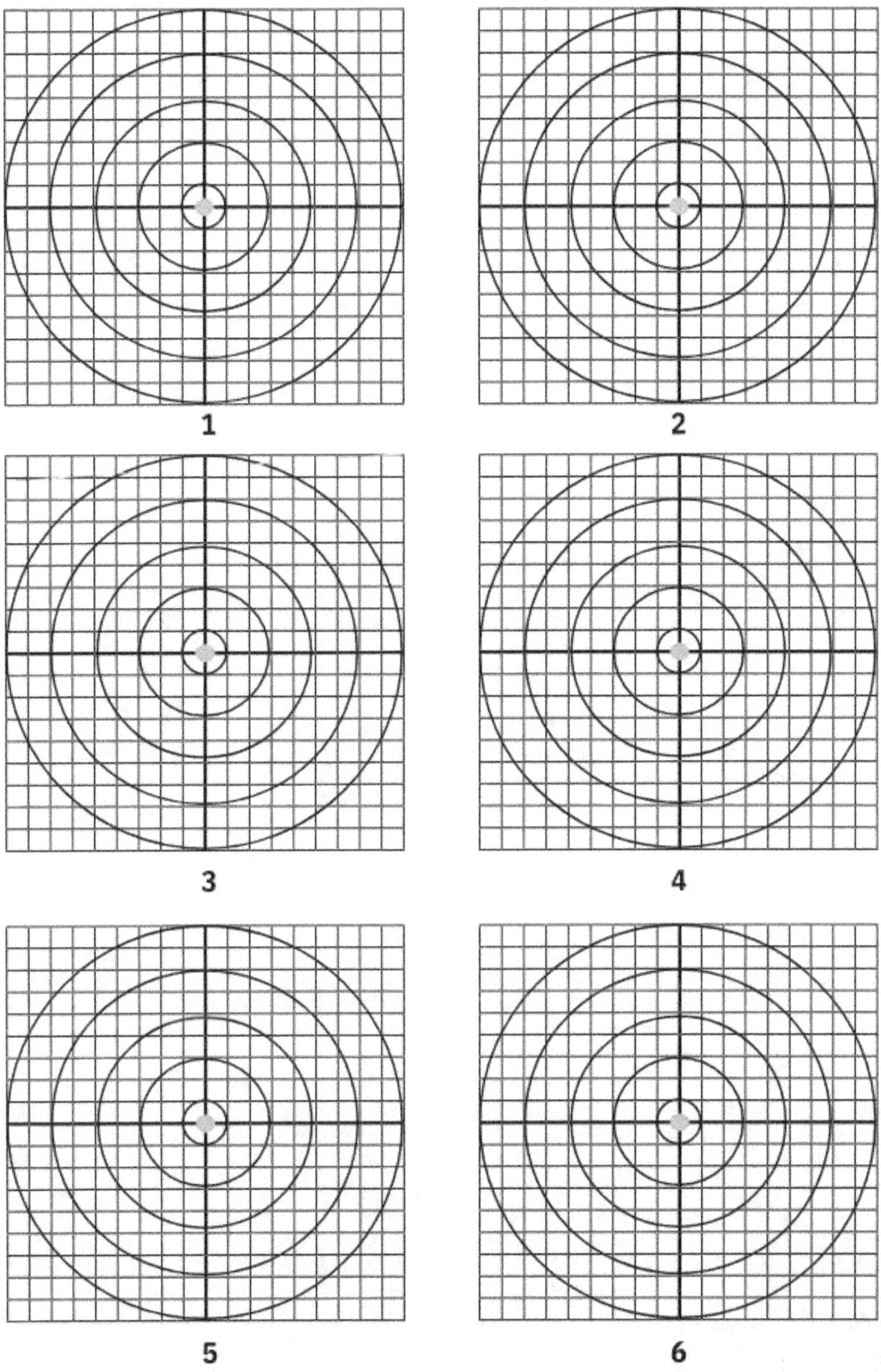

Idea de regalo ideal para principiantes y profesionales

www.ingramcontent.com/pod-product-compliance
Lightning Source LLC
LaVergne TN
LVHW050652200726
843506LV00010B/1482